U0746707

教海拾贝

一位语文教师的教研笔记

陈宏宝◎著

安徽师范大学出版社

·芜湖·

图书在版编目(CIP)数据

教海拾贝:一位语文教师的教研笔记/陈宏宝著. — 芜湖:安徽师范大学出版社,2018.2
ISBN 978-7-5676-3412-1

Ⅰ.①教… Ⅱ.①陈… Ⅲ.①中学语文课 – 教学研究Ⅳ.①G633.302

中国版本图书馆CIP数据核字(2018)第048423号

教海拾贝——一位语文教师的教研笔记 　　　陈宏宝 著
JIAO HAI SHI BEI——YI WEI YUWEN JIAOSHI DE JIAOYAN BIJI

责任编辑:盛　夏
装帧设计:任　彤
出版发行:安徽师范大学出版社
　　　　　芜湖市九华南路189号安徽师范大学花津校区
网　　　址:http://www.ahnupress.com/
发 行 部:0553-3883578　5910327　5910310(传真)
印　　刷:虎彩印艺股份有限公司
版　　次:2018年2月第1版
印　　次:2018年2月第1次印刷
规　　格:700 mm×1000 mm　1/16
印　　张:14.5
字　　数:280千字
书　　号:ISBN 978-7-5676-3412-1
定　　价:49.80元

如发现印装质量问题,影响阅读,请与发行部联系调换。

序

　　看完陈宏宝老师的教研专著《教海拾贝——一位语文教师的教研笔记》一书的定稿时，我还是颇为感慨的。一个三十多年来一直坚守在教学一线的高中语文教师，工作繁忙毋庸置疑，还能够边工作边思考，将自己多年来的一些教学心得与研究，写成教研论文并结集成书公开出版，实属不易。

　　陈宏宝老师是我的学生。说是学生，其实与我年龄相仿。早在20世纪90年代初期，他在安徽师范大学中文系汉语言文学教育专业就读专升本函授，我是他"中学语文教学法"课程的老师。那时我就发现这位学生爱思考，经常向我提出一些中学语文教学方面的问题。事后思量，我发现他提的这些问题在中学语文教学中带有一定的共性。后来，我在编写《语文学法新编》一书时，就吸收他为编委会成员。其后，他又多次到安徽师范大学来进修。21世纪初期，他在安徽师范大学读古代文学研究生课程班，我担任他"语文教育学"课程的老师。2010年安徽师范大学承担首届国培任务，我是应邀的培训专家之一，他是国培班的副班长兼学习委员。我采取了理论与实践相结合的培训方法，除理论培训外，还带领他们走进中学语文课堂观摩公开教学。陈宏宝老师每次评课都踊跃发言。从评课中我发现他总是能站在教学研究者的高度来评价一堂课的优劣得失。陈宏宝老师是我创立的安徽省教育学会语文教学法专业委员会的第一届会员，后又被选为学术委员，每届年会我们都会有一些短暂的交流。总之，在我的印象中，陈宏宝老师是一个在语文教学上有所追求且十分勤勉的老师。

　　我始终认为，一个语文教师长期坚守在教学一线，每节课都要面对教材、学生、教法，甚至教师自身等一系列问题，所上的每一节课都是一个值得研究的教学案例。对这些案例的研究与反思，是一个语文教师进行教学研究进而实现专业成长的重要途径，也是提升其语文教学水平从而提高教学质量的重要环节。陈宏宝老师的这本专著在"课堂内外"这一章就体现了这一点。他在《把"教学参考书"放在参考的位置》一文中，针对语文教师不能正确处理钻研教材与使用教学参考书关系的问题,就如何正确对待教材、教学参考书提出教师要独立钻研教材,摆脱对教参的依赖的观点。在语文教学策略研究上,他通过《用"陌生化"引领学生进入语文学习的佳境》《给学生一个生面孔》两篇论文阐述了运用"陌生化"处理的方法来激发学生学习兴趣的必要性、方法与途径。在语文教学中培养学生思维方面,《用"比较"张开思维的两翼》和《语言揣摩中的思维能力训练摭谈》两文,以张志公语文教育思想为指导,介绍了"比较思维""多角度思维"两种思维能力培养的教学方法。在语文教师与学生关系方面,《亲近学生,观照生活》与《严之有法,宽之有度》两文,表达了教师对待学生要做到宽严结合,教学过程中要亲近学生并引导学生面向生活的观点。在教学内容的选择上,他以《虽事细,却情深——〈项脊轩志〉细节传情艺术浅谈》《例谈小说教学内容的确定》两文来表达自己对教学内容选择与处理的见解。在语文课内外教学内容的融合上,《他山之石,亦可攻玉——课内外融合的有效性摭谈》一文谈及运用地方课程资源语文课程化的实践及感想。在高中语文选修课教学上,他针对选修课教学的痼疾,通过《选修课的理想化色彩与尴尬》《例谈语文选修课教学的"一题多解"》两文提出问题,分析对策,解决难题。在作文教学方面,《从学会分析入手,还议论文写作训练的生活本色》《还习作的"原色"为"本色"》等文都能面对学生写作现状与作文教学的误区,谈见解,说做法。专著中所提供的教学设计,都是陈宏宝老师自身的一些教学案例,虽不一定是完美的,但是可操作性强,反映了他本人的基本教学状况。

陈宏宝老师作为一个已有二十多年高中语文教学经验的教师,研究高考具有得天独厚的优势。本书中的《从考纲、考题管窥文言文复习》是高考前的文言文复习研究论文,内容翔实,分析细致;《解读2002年全国高考仿句题》是高考阅卷归来的试题解析,运用了珍贵的答题案例谈解题要点、要求、方法,对语文教师指导学生迎考复习有提示作用;《潮平两岸阔,风正一帆悬——2017年高考语文全国Ⅰ卷试卷分析》是对全国高考试题的全面分析,有试题解析,有试卷特点分析,有高考迎考复习建议。可谓有点有面,具有一定的借鉴与参考价值。

陈宏宝老师对教学的钻研与追求还表现在他对课题的研究上。课题,源于问题,当一个教师面对自己的教学行为能够发现问题,并谋求解决问题进而进行研究的时候,他已经跳出自己微观的教学圈子,放眼于宏观的教育大环境。在教学中开展课题研究,在课题研究中提升教学水平。从陈宏宝老师的"课题研究"这一章中可以看到,他主持的省级课题"李白李之仪当涂诗词课程化开发研究",较之于市级课题"李白李之仪当涂诗词课程资源开发利用研究"已有了长足的发展,虽然这两次课题研究的对象都是地方课程资源的开发与利用,但从中仍可窥见省级课题已经实现了地方课程资源的课程化。因为,从论文中反映的行动研究看,省级课题已不仅仅是一种方法与途径的探索,而是一种与必修课教学内容融合,与教学策略、教学效果评估结合的研究。他主持的名师工作室的课题"互联网+名师工作室活动的实践研究",更是与时俱进,将互联网运用于教学研究与教师培训之中,显示了他研究型教师的风采。

陈宏宝老师在我眼中一直是一个埋头实干、默默无闻的高中语文教师。可当我看到他的"师训天地"这一章文章时,除了发现他是一个有思想的语文教师外,还看到他"谁言寸草心,报得三春晖"的志向与爱心。他向年轻教师介绍自己的教学体会,传授教学经验,做到其言亦真矣,其语亦诚焉,倾其所有,无所保留。青年教师学习之、实践之,必能有所收益与长进。

《教海拾贝——一位语文教师的教研笔记》是基层一线语文教师关于语文教学、语文教育的实践与思考、学习与研究的一本书。书中的研究成果,既可以给广大教师的教育教学实践以借鉴,又可以给读者这样的启示:读书、研究、写作对于教师的专业成长是何等的重要。

是为序。

何更生

安徽师范大学教授　博士生导师

安徽省教育学会语文教学法专业委员会会长

二〇一八年一月

目　录

高考前后 / 097

课题研究 / 149

师训天地 / 185

后 记 / 222

课堂内外 >>>

我将"课堂内外"置于首位,是因为——

课堂,是教师的主战场,一个教师的教育教学水平主要通过课堂教学来体现,教书育人的目标主要实现于课堂。

课堂,是学生成长的场所,是学生获得知识、提高能力与素养的主渠道,学生因课堂教学与活动而逐步成长。

"台上一分钟,台下十年功",教师在走上讲台前必须经过充分的磨炼和准备。"教给学生一杯水,教师要有一桶水",是说教师必须具备丰富的专业知识,才能做到厚积薄发,举重若轻。有人说,教师是演员。那么学生就成了观众,成了剧外的观赏者。有人说,教师是导演。那么教师就不能参与其中而只剩下指导,成了戏外人。我更愿意把教师看作一个合格的导游,把学生当作游客。导游心中只想着游客,一切都为了游客,与游客打成一片,引领着游客去领略无限的风光,彼此都在身心愉悦中慢慢成长。而作为一名合格的导游,要熟悉你导游的景点甚至沿途的掌故,要设计好最佳的游览路径,要关注并研究你引导的对象,甚至要常常反思你引导的效果与质量,以便将来做得更完善。直白地说,一个教师要在课前做好充分的准备,如专业知识的拓宽与丰富,教材与学情的充分研究,教学过程与教法的恰当把握;课后要不断地进行反思,要经常对自己的教学行为与效果进行评估,以利于将来做得更好。将课前的研究和课后的反思用文字记录下来,也就成了一篇篇教学论文、教学案例。

用"陌生化"引领学生进入语文学习的佳境

心理学常识告诉我们,人们对陌生的学习内容,总是充满着新鲜、好奇的感觉。反之,对已经熟悉或自以为掌握了的知识内容,容易产生倦怠和厌烦。在语文教学过程中,教师应认识、把握好学生这一心理特点,不断地提出一些学生感觉陌生的问题,给予学生一些陌生感,让学生踮一踮脚尖,跳一跳才能够得着,这样可以有效地激发学生求知的欲望、学习的兴趣,可以使课堂教学变"我为物用"为"物为我用",变"机械问答"为"活泼生动",变"冷漠无味"为"热情洋溢",变"自顾自讲"为"和谐共振",变"一成不变"为"变化创新",引领学生向更深更广的知识去探求,向更高更强的能力去跃进。

基于上述认识,我做了一番教学上的探索和实践,现撷谈如下:

在教学课文《项链》时,学生对小说的情节和人物的形象已有了初步了解,从学生的神情上看,似乎读懂了。这时,教师问:"课文开头突兀而出一句'她也是一个美丽动人的姑娘',从这句话你读出了什么?"学生答道:"说明玛蒂尔德是一个美貌的姑娘。"教师又问:"为什么用'也'呢?"学生又回到了一种陌生的教学氛围中。经过学生思考、讨论后,教师指出,一个"也"字,是更深切地把握课文的关键字眼,它让人浮想联翩,说明玛蒂尔德是众多"美丽动人的姑娘"中的一个,是众多"美丽动人的姑娘"中的一个典型。"美丽动人的姑娘"应该拥有富丽的客厅、华丽的摆设、有身份的丈夫、细心的男仆等,事实上,许多像她一样的姑娘已经拥有这些,而玛蒂尔德没有。她的幻想、她的不满、她的借项链等心理描写和情节的安排就成为某种必然,她丢项链这一件看似偶然的小事,改变了她原有的生活轨迹就符合了生活的逻辑。再结合作者的那段人生警语:"要是那时候没有丢掉那挂项链,她现在是怎样一个境况呢?谁知道呢?谁知道呢?人生是多么奇怪,多么变幻无常啊,极细小的一件事可以败坏你,也可以成全你!"让我们感受到了作家莫泊桑那悲天悯人的情怀,令我们增添了多少世事无常的感慨。"看似平常却奇崛"的一个再简单不过的虚词"也",却是让人回味无穷。这就需要教师作陌生化的教学处理。

再如，教学苏轼的《江城子》时，其中有一句"尘满面，鬓如霜"，教师先让学生描述了一番，学生理解为"灰尘满面，两鬓如霜般斑白"。教师问："懂了吗?"学生齐答："懂了。"教师说："你们没全懂。"教师指出，"尘满面"不是"灰尘，尘土满面"，而是写在脸上的沧桑，那"霜"不只有"白"之相似点，更让人有观之心寒的苍老。此句的意蕴，非一般字面的意义所能解释，有一种可意会而不可言传的语言美感。黑格尔说过："说不清，道不明白，便更加深刻。"而那种深刻，对阅历尚浅的学生来说是陌生的，需要教师引领。

又如，高中阶段安排的初中课文重读，在教学课文《落花生》时，学生自以为已经掌握，回答问题时几乎异口同声。如教师提问："本文运用了哪种修辞手法?"学生脱口而出："对比。"教师再问："比较的结果怎么样?"学生答："要做对人有用的人，不要做只讲体面，而对别人没有好处的人。"教师又问："难道苹果、石榴对人无用吗?"学生哑然。接着让学生找出两个比较点——"挂""埋"。教师随即提出，许地山起初用"悬"，沈从文说："不对，是家常话，应用'挂'"，你的看法呢? 学生又被老师引入陌生的教学情境。学生刚讨论完，老师出示第一段原文："买种的买种，翻地的翻地，播种的播种，浇水的浇水。"对照课文"买种，翻地，播种，浇水"，要求学生说说作者为什么这样改动，学生又进入思考的状态，经启发，他们领悟到原文写出了一个热闹的场面，而后者重在写过程。正是这种简练如洗的笔法，让读者看到了《落花生》作者那深厚的文学功底。由于教师在教学过程中步步推进，始终让学生处于陌生感的问题氛围内，虽然是课文重读，学生仍然兴味盎然，感受到了语文学习螺旋式上升而获得的快乐。

课堂是师生教学和生命活动的场所。

课堂是师生共同组成的成长家园。

语文课堂教学中，如能经常设置陌生化的教学情境，找准学生教育的起点，给予与学生能力相当的教育，必将引领学生一步一步地走进语言深处，师生携手进入语文教学的佳境。

（此文发表于《学语文》2008年第6期，有改动）

给学生一个生面孔

一、问题的提出

在长期的语文教学中,教师不难发现这样的现象:在课堂上,教师就课文中的问题提问,学生回答得头头是道,甚至相当精准;课后作业中,如课后练习与思考之类的,学生也能答得准确无误。究其根由,源于学生有"神人"相助,那"神人"就是各种教学辅导资料。学生阅读,借助课外资料有错吗? 没错。但若不加以正确引导,积极应对,就有可能成为学生学习过程中的"绊脚石",因为辅导资料实在是把"双刃剑"! 用好了,它是学习的"拐杖",前进的"阶梯";反之,就是学习过程的"躺椅",课堂上的"催眠曲",思维惰性的"温床"。现实情况常常是:学生并没有正确地使用辅导资料,而是把它当作应付老师的制胜法宝——口头回答,照答案念;书面答题,照答案抄。

那么,能不能绕过这些问题,让学生身边的辅导资料失灵呢? 很难。因为那些问题的设置,实在是教学的重点、难点,是教师传授知识和培养能力的着力点,是专家、学者以及经验丰富的语文教师精心打造的,避之不易,不该,也无必要。但如果这个问题不能很好地解决,学生对资料的依赖性越来越强,思维的积极性越来越小,学习语文的兴趣也会越来越弱,从本质上说,语文的学习效率会大打折扣,与新课程设定的语文教学目标背道而驰。

这是触动我思考的起点。经过了解,我发现:不仅如此,但凡学生自以为"懂"了的东西,就常常会出现思维松懈、兴趣不高的情况;而真正的情形,学生不过是知其皮毛,一知半解,知其然而不知其所以然。语文教师是学生学习语文的引路人,负责调动学生思维的积极性,提高学生学习语文的兴趣,使语文教学的过程成为提高学生语文素养乃至生命成长的过程,责无旁贷。如何引导?经过理论学习,实践探索,我摸索出了一条行之有效的方法,那就是——给学生一个生面孔。

二、理论的佐证

新课程标准指出,教师是学生学习的促进者,学习能力的培养者,是学生学习的引路人。要求教师在对待教学的关系上,要帮助学生检视、反思自我;帮助学生明白自己想要学什么,获得什么;帮助学生学会搜集、利用资料,形成有效的学习方式;帮助学生营造和维护学习过程中的积极的心理氛围。在课程目标上,将"过程和方法"设计成课程;在课程要求上,明确提出一些过程性目标、体验性目标,以期学生在获得知识的同时,学会学习。新课程标准明确提出,要"尊重学生在学习过程的独特体验","要珍视学生独特的感受、体验和理解"。教师如果漠视学生使用教学辅导用书,忽视学生学习体验的过程,将学生的学习建立在客体性、受动性和依赖性的一面上,学生的主体性、能动性和独立性就会不断销蚀。如果学生在语文学习的过程中被动学习、机械训练、死记硬背、简单重复,对于学习的内容生吞活剥、一知半解、似懂非懂,那么,学生就不能在学习的过程中培养自身的语文能力,建构自身的心智结构,拓展个人精神空间。创新精神何在? 创新能力培养何依?

从学生心理分析,学生通过一些辅导资料或参考资料获取一些知识,学生自以为掌握了,其实,学生获得的只是一些陈述性知识,并没有经过自己的思考,没有在这个过程中提高自己的思维能力,增加自己的情感体验,学生的语文能力及素养并没有真正得到提高。并且,久而久之,学生会养成思维的惰性。因此,教师在教学过程中要不断地呈现让学生感觉陌生的内容,从而促使学生去思考、去体验,以激发学生的学习兴趣与欲望,让学生在内化知识的同时,促进心智的发育。

三、实践探索

基于上述认识,我在教学上做了如下探索和实践。

(一)细节上的陌生化

教学曹禺的《雷雨》时,在课文节选末段有这样的对话:

鲁侍萍　(大哭)这真是一群强盗!(走至周萍面前)你是萍……凭——凭什
　　　　么打我的儿子?

周萍　你是谁?

鲁侍萍　我是你的——你打的这个人的妈。

鲁侍萍的话中,各用了一个破折号表示语意转换,写出了鲁侍萍矛盾而复杂的心理。但就鲁侍萍两处对话而言,破折号有没有区别呢? 当教师把这个问题向学生提出来的时候,学生往往是始料不及的,学生又重新被置于陌生的思考环境中。师生经过共同讨论、探究,发现第一处破折号之前,"萍"与"凭"之间转换还有一个省略号,说明鲁侍萍面对兄弟骨肉相残,内心有一个挣扎过程,情感上有一个激烈厮杀,当发现在他面前的周萍已经不是他梦幻和回忆中的萍儿时,她只能愤懑地说出:"凭什么打我儿子?"这个转换过程较之第二句对话"我是你的——你打的这个人的妈"要长,在朗读时要能体现出这一点。教师要能引导学生通过比较戏剧情节和生活经验去分析细节,有助于更深地探索人物丰富的内心世界,从而加深对作品的理解。

(二)理解力上的陌生化

教学马致远的《天净沙·秋思》时,教师问:"'枯藤老树昏鸦,小桥流水人家,古道西风瘦马'句用了什么样的写景手法?"学生这样回答:"用哀景表哀情。"教师继续发问:"'枯藤老树昏鸦,古道西风瘦马'两句在浓郁的秋色之中蕴含着无限凄凉悲苦的情调,而'小桥流水人家'也有此种情调吗?"学生若有所思,最后得出小桥流水人家非但没有凄苦,而是一幅充满平和、安详生活气息的图画。既是对远处风景的诗意描绘,又表现了漂泊的诗人对悠闲恬静的田园生活的向往与渴望。那么,再回到第一个问题"用了什么样的写景方法"时,那正确的回答应该是:用"乐景衬哀情"。由此可见,学生分析问题有时不够细致,理解力不够强。此时,教师要善于相机设计陌生的问题,来提高学生的理解能力。

(三)学习层次上的陌生化

语文学习,在不同时段对学习内容的掌握确是有层次之别的。一篇课文,可在不同的学段去教学,同样能弥教弥新。例如,在高中阶段我安排了课文重读,在教学《静夜思》时,学生对李白这首诗已经是熟读成诵,当要求学生用自己的话将这首诗的大意表述一遍时,学生基本还停留在小学、初中理解的水平上。这时,教师提出一个问题:"诗人李白是在什么地方望月?"这个问题涉及另一个问题,就是如何理解"床"。学生过去没有注意到这个问题,小学、初中教师又没有讲清楚这个问题,因此,学生理解诗人坐在睡觉的床边,看到月光照进房间。那就有些问题了,因为此时诗人需要有一个非常巧的观察角度才能抬头看到明月。所以,这"床"一般理解成"井栏",它在室外,这样理解更符合诗意,意境更开阔,情感也更深了。你看,诗人夜深之际仍无眠,看到如霜般的月光,把自己对故乡的思念全部融入一个"举"、一个"低"中。学生感觉重读之后,有了新意,理解层次也相应提高了。如果教师再提一些问题,如为什么"疑是地上霜"中用"疑是",而不用"好似"?"霜"除了比喻月光的皎洁,还表示什么? 这些问题令学生感觉陌生,学生也就有了探究的欲望,在教学过程中不断呈现这样的问题,可帮助学生实现学习过程中理解层次上的提高。

(四)语文训练上的陌生化

精讲精练是教学的一个基本原则。纵观高中三年的语文训练,感觉训练量很大,而收效甚微。如果仔细分析,会发现很多是重复训练,学生在做题习惯、思路、方法诸方面还有许多盲目性;学生能力的提高,很多是建立在量的积累上,并不是基于真正的精练。如何在训练中做到精练? 我做了一些新的探索。如:在阅读训练中,有些问题是需要在相应区间内寻找答案的,我在设计练习时,要求学生回答问题后,加上一个问题,即这个问题的答案隐藏在哪些段落? 从哪些地方可以看出来? 再如,批改或评讲学生作业时,不仅看学生答案对错,还要看学生的分析过程。这样做看起来有些烦琐,但能培养学生良好的答题习惯,使学生学会并掌握做题的方法,将思维过程具体化后便于教师及时纠正,真正将学生做题的过程变成思维能力培养的过程。比如语言知识运用中的仿句练习,有一个共同的特点,即包含着"显性要求"和"隐性要求"。在做这类题目时,我设计出这样的答题要求:本题的显性要求有哪些? 隐性要求有哪些? 将这些要求写下来,然后再仿句练习。教师批改时不仅看学生仿句表达得怎么样,还要看学生分析的结果。这样做,既有助于学生养成认真审题的习惯,又可提高学生思维的严密性和答题的准确性。在文言课文教学时,课后练习中常有解释字词意义和用法的题型,许多学生早已有了辅导用书上提供的现成答案。我常常让学生在做好这些题目的基础上,再从课文中找出相类、相异的意义和用法,并将之作为考查学生是否掌握的一个重要参考标准。总之,在语文训练中,针对学生照抄辅导用书的痼疾,根据不同题型并结合训练要求,教师要做一些陌生化的处理,始终让学生感觉训练内容和方式是一副生面孔,做到将训练实效放在第一位,使学生知识和能力同步提升。

四、结语

新的语文课程标准,将创新能力的培养放在了一个非常突出的位置,并且十分重视学生学习语文的过程,加强了过程性、体验性目标。那种只重视问题结果,忽视学习过程的教学理念,已不能适应新时期素质教育对人才培养的要求。作为一个语文教师,应该与时俱进,用科学的教育理念指导自己的教学工作,不断进行教学上的探索,并将之作为教学自觉与追求。给学生一个生面孔,只是我在语文教学过程中进行的一种探索,以期能调动学生积极参与语文教学活动,为学生学习能力的提高搭建一个平台,给学生不断发现自我、认识自我创造一个良机,旨在引导学生形成积极主动的学习态度,使之在获得基础知识和基本技能的同时,学会学习,并力争使语文课变成一个展示自我、提升自我的活动场所,一个生机盎然的家园。在语文教学中,如能经常设置陌生化的教学情境,找准学生教育的起点,给予学生能力相当的教育,学生慢慢地品味到语文的妙处,一步一步地进入语文学习的殿堂,那么,我们的语文教学将会迎来春色满园。

用"比较"张开思维的两翼

思维有两个翅膀,一是求同,一是求异。缺其一,思维就不能起飞。求同,认识事物的共性,利于发现规律;求异,认识事物的个性,便于发现特点。发现规律和发现特点都是发现事物的本质,都是思维中的"创造"。从语文活动的方法角度看,离不开"两翼思维",因为许多方面需要"求同",不善于"求同",就只能永远在感性的世界里碰撞;同样,有许多方面需要"求异",不善于"求异",就不能因事设法,各循其路,也就不能取得高效率。再从语文活动的内容来看,"两翼思维"则更是随时可练,随时要用。因此,在语文教学中,有意识地训练、培养学生的"两翼思维"能力,就显得尤其必要。而"比较"就是着眼于两个相似事物之间关系的建立,通过两个事物相似或相异的描述,帮助人们更清楚地识别这两个事物。就人类认识的发展而言,比较法几乎与人类的历史一样久远,它是一切科学研究的常用方法,也是人类一切活动中最本能的方式之一。抓住"比较"与"两翼思维"这个契合点,既能够解决语文学习的许多具体问题,又可以在"比较"的过程中训练和培养"两翼思维"能力,真可谓功在眼前,利在久远。

吕叔湘先生在《关于语文教学的两点基本认识》一文中指出:"任何技能都必须具备两个特点,一是正确,二是熟练。"同时他指出:"从某种意义上说,语言及一切技能都是一种习惯。凡是习惯都是通过多次反复的实践养成的。"由此,我体会到,"比较"作为一种已被证明了的正确技能,要使学生能够熟练运用,还必须通过反复的实践,并在实践中不断地激活学生的"两翼思维",提高学生的"两翼思维"能力,促使学生"两翼思维"的腾飞。

具体的做法和体会是——

一、在区别"正误"的比较中训练、培养"两翼思维"

在语文学习的过程中,常常需要通过辨析正误来获得对知识的准确把握,高考中也屡屡用它来检测学生的知识和能力。而在辨析正误的思维过程中,

"比较"是不可缺少的。仅以纠正错别字为例。从小处着眼,学生要能纠正自己作业中的错别字;从大处着想,学生面对的是一个错别字"泛滥"的语言环境,"正确使用祖国语言,为祖国语言的纯洁和健康而斗争"(《人民日报》社论),这一崇高而神圣的目标的实现,显得任重而道远。花大力气纠正学生的错别字固然重要,但让学生认识错别字的根源,教给学生纠正错别字的方法,培养学生快速而准确地识别并改正错别字的能力,更是语文教师义不容辞的责任。考试大纲明确要求,一个高中毕业生必须掌握现代汉语2500个常用字和1000个次常用字。实际情况是,有许多学生从小学起,在这方面就吃"夹生饭","衰减效应"明显。要在高中阶段完成"考试大纲"规定的任务,谈何容易!给予学生方法上的指导,使学生掌握纠正错别字的技能,并最终养成自觉的习惯,势成教学之必然。实践证明:比较法就是一种发现、纠正错别字的好方法。如常见的错别字"针贬(应为'砭')""贪脏(应为'赃')枉法""迫不急(应为'及')待""一愁(应为'筹')莫展",如果光是让学生做题,至多只能做到使之避免犯类似的错误,但运用比较法,就会发现这些错别字的产生具有各自相同或相异的原因。如"筹"与"愁"、"急"与"及"的误用是同音的原因,"贬"与"砭"、"脏"与"赃"误用是同音且形似的缘故,再通过比较分析发现这两种误用都存在"义"的误解。在比较中,我们如果理性地去思考就会发现:这些原因的概括,运用的是"求同"思维;而区分出各类原因,运用的是"求异"思维。在此基础上,我们再将各类原因比较一番,就会得出一个总的结论——错别字产生的原因归根结底是缺乏对词义的正确理解。对这"根本原因"的概括,也是"求同"思维。《学记》中说:"君子之教也,喻也。道而弗牵,强而弗抑,开而弗达。"它告诉我们:教师教学生最重要的是善于启发诱导,不可代替学生下结论。教师只有引导学生运用比较,让其独立思考,自己找出规律,才能达到发展学生思维能力的目的。学生思维能力提高了,还可进一步利用汉字的特点归纳总结出一些必要的正字法,如"集中近体,分清笔画""以义为纲,据义别体""抓住形旁,别义取字"等。

二、在感知"优劣"的比较中提高"两翼思维"

语文学科与数理化相比,更多的时候不是"对不对"的问题,而是"好不好"的问题,同样一个意思这样表达和那样表达,虽无正误之别,却有优劣之分。比如读夏衍的《包身工》,文中说:"蓬头,赤脚,一边扣着纽扣,几个没睡醒的'懒虫'从楼上冲下来了。"此句几个表示特征的定语提到句首,一项一项加以强调。如果改成了"几个蓬头、赤脚、一边扣着纽扣没睡醒的'懒虫'从楼上冲下来了",虽然也能表现包身工的紧张、忙乱、劳顿、穷苦等,但就难以达到原文中特写镜头式的——展现的效果。再从用词看,这里不用"下来了""走下来了""跑下来了"而是用"冲下来了",一个"冲"字就充分表现了包身工被人驱赶的情状,也表现了他们生活的紧张和窘迫:他们得去挤水龙头洗脸,之后还要挤粥吃,不"冲"就连一碗粥也盛不到。这是一道课后练习题,教师可引导学生去比较,然后提问:"原文与改句相比,意思有没有变化? 表达效果谁优谁劣? 为什么?"学生回答第一问,主要是"求同"的过程;回答第二问、第三问则更多是"求异"的过程。此题的训练过程,也是通过语言训练进行"两翼思维"能力培养的过程。《全日制普通高级中学语文教学大纲》在教学原则中指出:"语言训练和思维训练相辅相成。在语言训练的过程中要重视思维方法的学习,思维品质的培养和思维能力的发展;思维训练要贯穿在语言训练中,促进语言能力的提高。"它要求我们:在语言训练中,观念上,要重视学生思维能力的培养;方法上,要不断激活学生的思维;目的上,要逐步促进学生"心智技能"的提高,使思维能力和语言能力同步发展。

三、在由"浅"入"深"的比较中拓展"两翼思维"

在阅读教学中,我们有这样的体会:如果孤立地分析读物,往往理解不易加深,也不易巩固;反之,将内容和形式有一定联系的读物加以对比,学生则易于理解和掌握。我曾做过如下实验:在所教的两个高二平行班,结合课文《为了忘却的记念》,选定一个班进行"比较阅读"——将此杂文和鲁迅先生的另一篇杂文《记念刘和珍君》作比较阅读。比较的内容有:写作背景、思想感情、语言风格,要求分析、归纳出各自的异同点。在随后的检测中设置了三道试题:①辨别是非题——《为了忘却的记念》和《记念刘和珍君》这两篇杂文都揭露了国民党反动派杀害革命青年的卑劣行径,表示要用战斗来纪念死者;②选择题——请选择作者在文中的情感:A. 不加控制的悲愤 B. 不加控制的愤怒 C. 冷静的悲愤 D. 深切的悲哀;③选择填空题——下列哪些词语可以用来表示《为了忘却的记念》的语言风格,请填在横线上,备选词语是"犀利""激烈""含蓄深沉""隐晦曲折""抑扬顿挫"。检测结果显示:实验班这三道题答题正确率分别为94%、91%、87%,而非实验班答题正确率仅为53%、62%、48%。这可算是"比较阅读"在理解深度上优于单一阅读的一个例证。更重要的是,在比较阅读的过程中需要学生的"求同""求异"思维的参与,借助这种阅读中的比较,学生的思维得到了训练。夸美纽斯提到,思维的发展是学习语言的心智基础,学生思维拓展了,就可以自己去发现读物在内容和形式上的各种联系,自己去确定比较点,通过精读,在分析归纳异同的过程中,实现阅读理解上的由"浅"入"深"的飞跃。

"善学者,师逸而功倍",古代教育家曾如是说,但学生的善学必依赖于老师的善教。叶圣陶先生告诉我们:"教师之为教,不在全盘授予,而在相机诱导,必令学生运其才智,勤其练习,领悟之源广开,纯熟之功弥深,乃为善教者也。"比较法,作为语文学习的一种基本方法,曾被广大语文教师在教学中广泛运用,然而,这种方法"必令学生运其才智,勤其练习",方可渐入"领悟之源广开,纯熟之工弥深"的佳境,而实现这种理想的途径之一就是用"比较"张开思维的两翼。

语言揣摩中的思维能力训练摭谈

初中语文教材在所有的现代文、古白话文教读课文之后,都安排了语言的"揣摩·运用"栏目。揣摩是反复思考、推求的意思,进行语言揣摩,是在理解课文的基础上,加深推敲课文的遣词造句、体会布局谋篇妙处的训练,旨在指导学生正确理解和运用祖国的语言文字,养成良好的语文学习习惯。它是一种语言训练,更是一种思维训练。通过语言揣摩,可以有效地发展学生智力,培养学生语言的理解、表达能力,对完成语文教学的根本任务——有效地培养学生学习语文的能力以及贯穿于其中的思维能力,具有重要意义。

那么,如何通过语言揣摩进行思维能力训练呢?

1.将语言揣摩寓于课文教学中,启发与诱导结合,不仅授之以"鱼",而且授之以"渔"。

语言揣摩,是教材训练体系、知识体系的重要组成部分。俗话说:"工欲善其事,必先利其器。"教师的"器",就是其对之有较全面、较深刻理解的教材,教师要充分利用教材,善于发现有揣摩价值的语言,适时地、有的放矢地进行揣摩训练。如:根据动词在艺术语言中使用频率高、富有表现力的特点,教师可抓住一些关键性的动词让学生揣摩。试看下例:"(孔乙己)排出了九文大钱",可安排如下步骤:(1)想象、体验——做"排"的动作,体验一下孔乙己的心情;(2)联想、比较——想一想还可用哪些词表示这类动作,将"排"和"拿出""掏出"或"付出"进行比较;(3)归纳、小结——用"排"最为精当,写出了孔乙己的穷酸形象。学生这样对语言进行揣摩,兴趣得以提高,同时,能掌握一定的方法和步骤,在以后的学习中,遇到类似的问题,就能有"章"可循。如《孔乙己》之后的一篇课文《范进中举》中就有一句"屠户把银子攥在手里紧紧的,把拳头舒过来",教师对其中的动词"攥"和"舒"可按上述步骤让学生揣摩。通过如此反复的训练不仅可以使学生学会以点带面,举一反三,还可使学生的形象思维能力(想象能力、联想能力)、抽象思维能力(分析、比较、归纳能力)得到训练和提高。

2. 培养学生揣摩语言的习惯,让学生掌握语言揣摩的规律,学会"因文解道,因道悟文"的方法,逐步增强语言揣摩中的思维能力。

语言文字是课文思想内容的载体。通过语言揣摩,有助于准确理解课文思想内容、语言特色、写作技巧;同时在领会思想内容的基础上,加深对语言文字的理解,体会课文语言的精妙。教师在教学过程中,要从培养学生良好的阅读习惯尤其是揣摩语言的习惯入手,通过语言揣摩训练,引导学生找出规律。叶圣陶先生说:"语言文字的学习,就理解方面说,是得到一种知识;就运用方面说,是养成一种习惯。这两方面必须连成一贯;就是说,理解是必要的,理解之后必须能够运用;知识是必要的,但是这种知识必须成为习惯。语言文字的学习,出发点在'知',而终极点在'行',能够到'行'的地步,才算具有了这种生活的能力。"语言揣摩就是要实现这种"知"和"行"的统一。

《从百草园到三味书屋》一文有这样一段描写:"不必说碧绿的菜畦,光滑的石井栏,高大的皂荚树,紫红的桑葚;也不必说鸣蝉在树叶里长吟,肥胖的黄蜂伏在菜花上,轻捷的叫天子(云雀)忽然从草间直窜向云霄里去了……如果不怕刺,还可以摘到覆盆子,像小珊瑚珠攒成的小球,又酸又甜,色味都比桑椹要好得远。"鲁迅先生用饱含感情的艺术之笔,把生意盎然的百草园描绘了出来。教师可按如下步骤引导学生进行揣摩:①分析。作者运用了哪些形象而准确的形容词和动词(形容词有"碧绿的""光滑的""高大的""紫红的""肥胖的""轻捷的""又酸又甜的",动词有"长吟""伏""窜");调动了哪些感官经验(视觉、听觉、味觉)。②想象。经过一番想象,使作者童年的乐园——百草园的景象在脑海中再现。③体会。反复诵读,体会描写这百草园语言中所蕴含的思想感情。④概括。本段长句、短句交叉运用,运用多角度的写作视角,给我们描绘了一个有声有色有趣的儿童乐园——百草园。

教师在刚指导学生进行这样的语言揣摩时,可能会多花费些时间,但从整个初中语文教学过程来看,是完全值得的,也是非常必要的。因为教师的第一次揣摩训练,为以后的揣摩提供了习惯的思维、方法和能力。类似这样的多角度的景物描写、人物描写还有很多,现撷拾如下。

《老山界》中就有这样一段景物描写:"半夜里,忽然醒来,才觉得寒气逼人,刺入肌骨,浑身打着颤。把毯子卷得更紧些,把身子蜷起来,还是睡不着,天上闪烁的星星好像黑色幕上缀着的宝石。它跟我们这样地接近哪! 黑的山峰像巨人一样矗立在面前。四围的山把这山谷包围得像一口井。上边和下边有几堆火没有熄;冻醒了的同志们围着火堆小声地谈着话。除此以外,就是寂静。耳朵里有不可捉摸的声响,极远的又是极近的,极洪大的又是极细切的,像春蚕在咀嚼桑叶,像野马在平原上奔驰,像山泉在呜咽,像波涛在澎湃。不知什么时候又睡着了。"作者正是从人的触觉、听觉、视觉等不同的角度,运用了比喻、排比等辞格,通过描写夜景,表现了红军战士长征中艰苦的生活和革命乐观主义精神。通过语言揣摩,有助于学生深入情境,理解这份精神。

《社戏》中也有这样一段景物描写:"两岸的豆麦和河底的水草所发散出来的清香,夹杂在水气中扑面的吹来;月色便朦胧在这水气里。淡黑的起伏的连山,仿佛是踊跃的铁的兽脊似的,都远远地向船尾跑去了,但我却还以为船慢。他们换了四回手,渐望见依稀的赵庄,而且似乎听到歌吹了,还有几点火,料想便是戏台,但或者也许是渔火。"这段描写中作者调动了人的视觉、嗅觉、听觉、触觉等多种感觉,运动了比喻的修辞手法,使景物富有立体感,写出了看社戏的途中所见、所闻、所感,具有浓厚的生活气息。揣摩这些语言,会体验到一种梦幻之美,一种身临其境之感。

《听潮》中也有这样的多角度描写:"每天潮来的时候,听见海浪冲击岩石的音响,看见空际细雨似的,朝雾似的,暮烟似的飞沫升落;有时它带着腥气,带着咸味,一直冲进我们的窗棂,黏在我们的身上,润湿着房中的一切。"此段作者调动了人的听觉、视觉、嗅觉、味觉、触觉,写出了潮来时的声音、形态、气息、动作,形象而逼真。

多角度描写不只限于景物描写,在人物描写时也可运用。

《鲁提辖拳打镇关西》中就有所谓的"三拳""三觉",现摘录如下:

"扑的只一拳,正打在鼻子上,打得鲜血迸流,鼻子歪在半边,却便似开了个油酱铺,咸的、酸的、辣的,一发都滚出来。"(味觉)

"郑屠挣不起来,那把尖刀也丢在一边,口里只叫'打得好!'鲁达骂道:'直娘贼!还敢应口!'提起拳头来,就眼眶际眉梢只一拳,打得眼棱缝裂,乌珠迸出,也似开了个彩帛铺的,红的、黑的、绛的,都绽将出来。"(视觉)

"又只一拳,太阳上正着,却似做了一个全堂水陆的道场,磬儿、钹儿、铙儿,一齐响。"(听觉)

这三拳一拳重于一拳,鲜明地表现了鲁达疾恶如仇的性格。

上述多角度的语言描写,学生进行揣摩时,都需要运用分析与比较、归纳与概括、联想与想象的思维方法。教师可以遵循语言揣摩的规律,实现从"教"向

"不教"的转化。教师这样引导学生进行语言揣摩,既能加深学生对课文的理解,又能有效地提高学生的思维水平。

3. 实现阅读中语言揣摩的成果向听、说、写迁移,进一步强化思维能力训练。

语言揣摩主要通过对课文阅读理解来进行,而课文又具有典范性,在遣词造句、布局谋篇等方面,能够给学生提供多方面的借鉴。学生在揣摩语言中,思维能力得以培养和提高,对语言规律、思维规律、表达规律有了一定的认识,教师要以此为契机,进行听、说、写的训练。如学生在学完《社戏》后,根据老师的要求,写了一个景物的描写片段:"星期天的早晨,我和几个同学骑着自行车向城外驶去,路旁的小树纷纷向后奔跑。到了郊外,啊!一片片金黄色的油菜花,散发着浓浓的香味,扑面而来;小蜜蜂嗡嗡地哼着小曲儿;微风轻轻抚摸我的脸和手,痒痒的;嗓子也痒痒的,真想张嘴唱上一支春天的歌儿。"如果细加分析,不难发现学生已经学会运用多角度的描写,在构思及表达的过程中,学生的思维能力也得到了进一步训练。

思维能力是人类进行一切活动都需要的一种基本能力。教师要善于发现,及时引导学生掌握语言揣摩的一般规律,使学生有意识地在语言揣摩过程中,进行思维能力的训练和培养。无疑,这将有助于提高学生的理解和表达能力。

人文教学随想

　　孔子端坐于中,子路、曾皙、冉有、公西华陪侍于侧。此时,孔子来了个"对话式教学"——"你们啊,平日总是'人家不了解我,不了解我'的,今日呀,给你们一个机会,就畅言其志吧。"自信的子路,谦恭的冉有、公西华,依次发言,谈的尽是治国安邦的远大理想,孔子表扬了他们。唯有潇洒的曾皙说:"莫春者,春服既成,冠者五六人,童子六七人,浴乎沂,风乎舞雩,咏而归。"孔子极为赞赏,喟然叹曰:"吾与点也。"两千年前的教育家孔子,恐怕还未听说过"人文"这个词吧,可谁又能说,他的教学中没有"人文内涵"呢?

　　沿着夹道的苍松翠柏,信步而至东林书院门前,一副楹联夺人眼目——"风声雨声读书声声声入耳,家事国事天下事事事关心"。即使艳阳高照,眼前也让人恍见一阵紧似一阵的风雨,耳畔响起一声高过一声的风声雨声读书声,心中顿感那"山雨欲来风满楼"的社会情势。这样的校训式的文字,洋溢着以天下为己任的情怀,又怎能让人想象得出,他们的讲堂上没有"人文精神"在高扬?

　　一个正襟危坐的先生,领着一群垂髫学子,沙哑的声音与悦耳的童声渐次响起:"人之初,性本善。性相近,习相远……"古音古风,令人遐想,那摇头晃脑的少年,难道不正受着人文精神的浸润? 那琅琅的书声,又岂能不跳动着人文的音符?

　　如此说来,人文教学,古已有之,今之为之,有何难哉!

　　白炽灯下,一位从教多年的语文老师,正聚精会神地研读新课程语文培训资料。书中说:"这里有必要专门提示一下,本册阅读部分的'人文内涵',在兼顾语文课程学科本身特点的前提下,注重语文课程的人文性、人文精神或人文内涵,是当前教学改革的新方向,正如课程标准所说:'语文课程具有丰富的人文内涵和很强的实践性。'这既开拓了语文教学新的广阔空间,又给教师正确把握教材,组织课堂教学带来困惑。"

　　"困惑?"语文老师有些困惑了!

过去未使用新课程标准的课本时，也未忽视课文的思想性。有人说"思想性"是"人文性"的核心，有人不赞同，吵得不可开交。自己平日做的陶冶性情、启悟心灵，培养审美等方面的教育，难道不属于"人文内涵"？

语文老师带着困惑，上了一堂公开课，课题是《寻找时传祥——重访精神高原》，听课的是前来调研的教研室语文专家。课前设想：本文是篇人物通讯，体裁当然要点一下；本文写法独特，时空交错，细节描写传神，对比写法彰显，当然不能忽视。最后"教学重点"定位于"筛选新闻中重要信息，培养学生关注社会的意识"。一番有关理想的调查，算是热闹的开场；一番激情的导语，算是阅读课文的导引。学生读书后，是接二连三的追问，算是深入课文，无外乎时传祥是何许人，为什么要寻找时传祥，作者是怎样表现其内在精神的。接着，又是一番时传祥精神在当今社会的价值的讨论。其间也顾及了对比、细节、语感、合作探究等教学要素。最后，语文老师用了一句曾使自己感动不已的名人名言结束了课堂教学——"人不一定能使自己伟大，但一定可以使自己崇高！"

教学中的"人文性"不含糊，紧张的语文老师松了口气。

语文专家评曰："语文味不浓！"

此时，语文老师真的困惑了，困惑从心里写到了脸上。

"师者，传道受业解惑也。"可韩愈未说，师者自惑，怎么办。

此后，语文老师听了几节语文公开课，似乎有所悟，似乎更困惑——怎么这节课像在开班会呀？怎么这节课像在变戏法？真令人眼花缭乱。想想自己，语文老师有些脸红，他想起语文专家的话："如果一节课像政治课，那还能算一堂好的语文课吗？"

可语文老师是个死心眼，偏想上好每节语文课。他想起了孔子，想起了顾炎武的那副对联，想起了私塾先生教授《三字经》，甚至想起了高举"古文运动"大旗的韩愈和他的"文以载道"。他试想：假如没有《论语》中描绘得生动传神的对白，没有顾炎武那形式工整、蕴涵隽永的对偶，没有《三字经》那三字成句，语言直白，音律和谐的对句，那只能是只有"道"，没有"文"，只有刃，没有刀，只有光，没有灯……

语文老师又重新坐在灯下，更加聚精会神，读到"在兼顾语文课程学科本身特点的前提下，注重语文课程的人文性、人文精神或人文内涵"，反复咀嚼，对照反思，方知道：语文新课程的教学，应是语文工具性和人文性和谐统一的教学；它不是专家们抽象的结论，而是吾辈语文教学实践的必需。人文内涵关乎阅读的想象活动、审美活动和创造活动;关乎阅读者的历史意识、忧患意识、人文素养;关乎阅读者的独立钻研精神和与他人合作的精神;关乎语文训练中发生的情感态度和关注社会的意识;关乎读者对时代精神的领悟,对人间真理的认定和追求。它可以是文本中固有的,确定的,有待于接受的;也可以是文本中不确定的,有待于师生主动探寻挖掘的。

如此说来,人文教学乃新课程标准树起的一面大旗,举之前行,行之不易矣!

实力派苏轼，偶像派苏轼

有这样一段在课堂上发生的师生对话——

师问："苏轼属于哪一派诗人？"

生答："实力派。"

师追问："是实力派吗？"

生又答："偶像派。"

师不悦，教诲道："诗分婉约豪放，苏轼属于豪放派。"

答案终归标准，学生也被请入"瓮"。然而，如果细想，从某种意义上说，学生却也歪打正着：苏轼难道不能算一个实力派、偶像派吗？当我们回眸中华民族文化历史的长河，综观苏轼的文化成就，寻访苏轼的人生轨迹，一个实力派苏轼，偶像派苏轼，是那样清晰地浮现在我们的眼前。

数千载中华民族文化，灿若晴朗的夜空，点点繁星之中，苏轼无疑是颗又大又亮的恒星。他的人生成就的光芒，曾炫目于过去，照耀于现在，散射于未来。又有多少人能取得如此骄人的成就？作为一个诗人，他开创了豪放派词风，高旷豪放，情浓意远；作为一个散文大家，他名列唐宋八大家，情理交融，汪洋恣肆；作为一个书法家，"苏黄米蔡、颜柳欧苏"，独树一帜。这样看，苏轼是一个真正的"三栖明星"，又是实力派，又是偶像派。

自古雄才多磨难。

作为一个深受儒学熏染，早年"奋厉有当世志"，向往"朝廷清明而天下治平"，立志辅君治国，经世济民的士大夫，既相左于变法派，又抵牾于保守派，元丰不见容，元祐不得志，绍圣受摧折，数经磨难，历尽升沉，甚至身陷囹圄。无常的世事，坎坷的仕途，渺小的个人，短暂的人生，在他的心灵必然投下忧伤、怅惘的阴影。突出心灵的重围，摆脱人生的困境，又平添了几多虚无与无奈。

这，就是一个真实的苏轼，一个有血有肉食着人间烟火的苏轼，一个经历独特又相似于芸芸众生的苏轼。我们临摹他的书法，品赏他的诗词，吟诵他的散文,不由得惊叹于他的才华、他的成就、他的为人。真的是"高山仰止,景行行止"。我们崇敬他,仰慕他,喜爱他。但当我们阅读他的诗文时,又切不可带着仰视的目光,而应把他看作我们可亲可敬的师长亲近他,与他进行心灵的对话,聆听他有关人生、生命的感悟;在他五彩斑斓的精神家园里,采撷花朵,啜饮甘露,品尝那鲜润的抑或有瑕斑的鲜果,汲取我们必需的文学和精神的营养。

新课程传统名篇《赤壁赋》,给了我一个尝试这种教学设想的契机,让我有机会引领着一群涉世不深的学子尝试着去和这位旷世奇才作一番心灵的对话。对话只有发生在平等的主体之间,才易激发心灵的共鸣,而苏轼坎坷的人生经历,丰富的人生阅历,儒道释浸润过的复杂思想,再加上时空的阻隔,极易让我们望而却步,敬而远离,可能让我们心中再多一个大师偶像,而这却不是我们所需要的。我们要的是能推人及己,能与之同喜同悲,能扪及他的心跳,感受他的呼吸的苏轼。于是,循着这种教学设想,顺着那或整或散的赋体,或快或缓的节奏,或喜或悲的语调,想象的翅膀渐渐张开。徘徊苍穹的圆月,浩茫天际的江面,一叶扁舟,三两游客,他们或举月回顾,或凝神静观,或举酒属客,或扣舷而歌,箫声渐起,悲风习习,透至骨髓,触及心痛。"滚滚长江东逝水,浪花淘尽英雄,是非成败转头空,青山依旧在,几度夕阳红"成为最好的背景音乐,"年年岁岁花相似,岁岁年年人不同""人生代代无穷已,江月年年只相似""今人不见古时月,今月曾经照古人。古人今人若流水,共看古月皆如此"。再联想到读古典小说中"光阴似箭,日月如梭"的如坐针毡之感,《庄子》中"人生天地之间,若白驹之过隙,忽然而已"之论,心心同跳,千古同悲。"哀吾生之须臾,羡长江之无穷",苏子与吾辈同悲同叹,消极实矣,情则真矣。面对人生困惑,是珍惜寸阴,有所作为,还是及时行乐,游戏人生? 身为师者,答案自明,面临莘莘学子,观照现实人生,苏轼无疑是我们最好的人生偶像。你看他,掩饰着人生时时作痛的伤口,奋力挣脱于情感的波谷,操着"变"与"不变"的思想双桨,奋力一划,于是又回到风平浪静的人生新境界——达观超然,随缘自适,痛并快乐地生活着。

此时此境,老师故意皱着眉头,引述学生一句常用语:"为什么受伤的总是我?"生大笑,师亦笑。笑声中,我们背诵:"盖将自其变者而观之,则天地曾不能以一瞬;自其不变者而观之,则物与我皆无尽也,而又何羡乎! 且夫天地之间,物各有主,苟非吾之所有,虽一毫而莫取。惟江上之清风,与山间之明月,耳得之而为声,目遇之而成色,取之无禁,用之不竭,是造物者之无尽藏也,而吾与子之所共适。"心与心碰撞,声与声同鸣。然后拓展、生成:"人有悲欢离合,月有阴晴圆缺,此事古难全。但愿人长久,千里共婵娟。""竹枝芒鞋轻胜马,谁怕? 一蓑烟雨任平生。　料峭春风吹酒醒,微冷,山头斜照却相迎。回首向来萧瑟处,归去,也无风雨也无晴。"

　　一篇让我们欢喜,意境深幽的散文名篇;一个让我们喜欢,真实可爱的苏轼。他让我们明白:一个真正纯净的灵魂,不会是与生俱来的,而是在不断地滤取思想杂质的过程中,逐渐变得澄澈。我们面对生活的困难、挫折,身处人生的逆境、困境,遭遇生命的不幸、厄运,产生一丝"人生如寄之悲,故旧凋零之叹",是不足为奇的,它是我们生命长河中的一个漩流,一朵浪花。此时,我们不应忘记苏轼,一个让我们坚强面对生活的苏轼,并心摹手追他的书法,心驰神往他的诗文,心领神会他的为人。牢记:历史上,不仅有一个豪放派苏轼,更有一个实力派苏轼,偶像派苏轼。

亲近学生，观照生活

作文教学必须要"依纲据本"，这已成为广大中学语文教师的共识和教学常规。由于片面地强调了这一点，教师自觉或不自觉地成了作文教学的"中心"，学生变成了教师"棋盘"上的一粒"棋子"。于是，一类类内容大同小异，形式呆板雷同的作文命题层出不穷。教师常常困惑：依据大纲、结合教材的一次次作文训练，从命题（命意）、指导、批改、评讲，不知花了多少时间，付出了多少精力，满以为"芝麻开花节节高"，而学生作文的现状常使用心良苦的教师们汗颜、心凉。痛定思痛，我发现：长期以来，在作文教学上，许多教师机械地理解了大纲、教材中的目标和要求；根深蒂固的应试教育的思想使我们变得急功近利；重形式，轻内容，脱离生活，脱离学生思想实际，使学生总感觉到在"做"作文，学生不是"有情要表""有感而发""生活需要我写"，而是"老师要我写""不写过不了关"。

如此硬"做"出来的文章，又怎能抒真情、表真意、有实用？因此，将学生归位于作文教学的"中心"，打破学生这种"做"的观念，变学生"要我写"的心态为"我要写"的心声，不能不成为语文教师研究作文教学的重要课题。

我的体会和做法是——

一、亲近学生自我，挖掘学生潜能

叶圣陶先生在《作文论》中指出："人类是社会的动物，从天性上，从生活的实际上，有必要把自己的观察、经验、理想、情绪等等宣示给人们知道，而且希望愈广遍愈好。"同时指出："谁能够教我们实现这种希望？只有我们自己。"我由此获得启示：作为教学主体和事物发展内因的中学生，其写作的潜能是巨大的，教师要努力促使学生挖掘其潜能，激发其潜能，发展其潜能。在设计作文训练时，不仅要考虑大纲的目标、教材的要点，还要将写作与学生的生活和思想实际相联系，启发引导学生写出他们的所见、所闻、所思、所感，使得学生为真情而写作,为兴趣而写作,为交际而写作,为实用而写作。

纵观多年的高考作文:或是从应试者的道德修养、思想境界来考查,如1989年的高考材料作文"就如何填报大学志愿的问题,给一位正在苦恼中的好友写一封信",考生在作文时,要求考生必须把自己的理想追求和祖国的前途命运结合起来;或是取材于中学生所熟悉的事物,从中学生的生活出发,使考生有感而发,有话可说,所关涉的内容注意引导学生关心自身生活,如1998年的高考作文"坚韧——我追求的品格／战胜脆弱";或是充满思辨色彩的文题频频亮相;或是注重发挥学生的联想和想象。这些试题,都需要考生发挥语言和思维能力,充分展示自己的思想、品德、修养、情操。因此,在作文教学中,注意以学生自己的见闻、性格、爱好、特长、志愿、理想、人生感悟等为题材,让学生亲近自我,这是可行的,也是完全必要的。

鉴于上述认识,在作文训练的实践中,我采用了如下一些做法:

1. 命题力避雷同,取材就近就新。例如:高一新生的第一次作文,舍弃了现成的命题——写学校教学楼或集市、农贸市场。根据所教学生多数来自农村,初到当涂二中,对学校有一定的新鲜感的实际,拟制了较有感情的命题——《走近二中》《二中印象》。

2. 从"我"写起,讲究实用。在训练学生抓住人物特点进行描写时,先从自身写起,着眼于实际。联系现实生活中名片盛行的情况,拟订命题作文《我的"名片"》,要求学生自我描写,由教师编号后,当堂宣读,学生再依据"描写",认出"名片"的主人。学生作文中写出自我特点的当属被认出之列,没有写出自我特点的,要求其找出原因。在轻松活泼的气氛中,教师完成了批改、评讲,学生也明白了抓住人物特点描写的重要性和方法。

3. 契合学生情思,任其自述心曲。在高二文理分科之后,我及时抓住学生的思想动态、情感波动,在所教的两个文科班拟出了《我为什么要选择文科》《分科之后……》两个命题,任学生各抒己见,各表其情。

4. 设定情境,解析热点。有一次语文课上,有一位成绩尚好的同学看课外书被发现。针对近期班上读课外书成风,学生往往不避课内课外、不分轻重缓急的实际情况,我抓住契机,利用学生急于了解"下文"的心理,要求学生想象某某被老师请进办公室的情景,写一篇"情境想象作文",并在此基础上展开对读课外书是非曲直的讨论,要求学生发表自己的观点,并做到言之成理,有理有据。由于这是发生在学生身边的事,容易引起关注,教师相机命题,能使学生乐于表达。

5. 自由命题,努力求"真"。对无须命题的周记、日记、课外练笔等,也要求学生努力做到以真情感人,用诚意服人。

亲近学生,绝不是将作文训练封闭于学生自我的小圈子里,而是引导学生写真实的自己的话,写各人的思想、情感,写人在生活中、工作中随时需要的作文,并在此基础上拓展视野,拓宽思路,寻到它的源头——生活。

二、关涉现实生活,训练学生所需

几十年的高考作文向我们昭示:提倡学生关心社会变革,关心政治形势,关心民间疾苦,不脱离当今热门话题,是作文训练的重要内容。只有从中学生的实际生活出发,引导学生关注现实,观察现实,反映现实,以便将来投身现实,才能真正使学生学以致用,把握住时代脉搏。那种无病呻吟、无的放矢、正襟危坐、板起面孔说古论今的作文,不再受欢迎。因此,我在作文训练中,一是注意引导学生以鲜活的现实为作文素材,发现、追寻现实生活的热点,紧密结合作文训练的要点,剖析现实问题的焦点,以此触动、激发学生的兴奋点。如结合"香港回归"的作文题:《欢庆之余的思考》。又如《水浒传》在电视上播出后,《好汉歌》在校园间广泛传唱,引出不少不良的后果,报刊对此的评论也见仁见智,我据此情况,要求学生结合歌词,联系现实对此现象进行评析。再如联系1998年洪灾,结合相关背景材料谈认识;结合学生学习现状谈素质教育;结合"下岗""再就业"谈改革;结合一首诗、一本书谈人生感悟;等等。这些写作内容都紧跟时代的步伐,贴近现实生活。二是作文训练的形式,力求实用、有效,符合生活的需要,为生活服务,为交际服务,为提高学生自身的思维品质、增强语言的表达能力服务。如要求学生写求职信,为自己的数次作文写篇序言,为班级写一则短讯,为某种商品写一篇说明书、广告词等。

作文训练面向了学生,指向了生活,写法技法服务、服从于写作内容,一定程度上改变了学生"做"的观念以及只是应付考试的态度,诚如叶圣陶先生所言:"(学生平时)只要学得扎实,做得认真,临到考试总不会差到哪里。"

严之有法，宽之有度

现在的学生很多是独生的，即使不是，也是被家长宠溺着。不少学生从小非常自我，养成了天不怕地不怕的性格，心理上唯我独尊，学习上也是缺乏勤奋、踏实、积极进取的精神。教师在社会、教育主管部门、学校的多重考评的重压之下，内心充满着一种焦灼感。大多教师受传统文化的影响很深，如《三字经》所说，"教不严，师之惰"。而教师的"勤"与"惰"，又常常被学校和家长乃至教育主管部门用学生的分数来界定。因此，许多老师秉承了严师出高徒的想法，毫不犹豫地选择了"严"。可是，"严"之也需有法，如果教师的严得不到学生的理解，就有可能造成师生的隔阂与对立，现实中校园内发生的师生冲突事件乃至极端事件并不鲜见。又有许多教师学习了现代教育教学思想，觉得爱能融化一切，觉得好学生是表扬出来的，于是乎，动不动就表扬学生一番，开始有点奏效，但往往不能持久，最终感慨：严不得，爱不得，教我如何是好！

多年的教学实践使我认识到：严之有法，宽之有度。

先说说严之有法。就拿我最近教学语文必修2第二、三单元来说吧，这两个单元要求背诵的课文多达6篇，而且是连续的。我的做法是，遵循差异性原则。在进行集体背诵指导的前提下先让那些学习主动性好一点的学生先背，然后敦促其他同学再背，尊重学生的差异。在背诵完成的时间上，有先有后，不搞一刀切。但所有学生必须要完成背诵，以体现公平、公正原则。对待背诵有困难的学生，用打仗作喻，将背诵比作三大战役，将没有信心、有畏难情绪的同学戏称为战场上的"逃兵"，在玩笑中给予鼓励，给予背诵方法上的指导，直至背诵完成为止。对努力背诵并及时完成的同学，在班级让其公开背诵，并大加表扬，让其介绍背诵经验。对想侥幸过关、不认真对待、背诵不努力的同学，给予批评，加强督促，限期完成，做到赏罚分明。在该次背诵任务的完成过程中，我没有采取任何体罚或变相体罚，如罚站、延期放学等。既严格要求，又关心爱护，做到严之有法。

再说说宽之有度。许同学是个学困生，在各个方面都要比别人慢一拍。经过了解，这个同学中考语文成绩只有40来分，平时学习语文还是蛮卖力的，就是跟不上教学节拍。根据这个情况，我常常鼓励他，并允许他在背诵、完成作业方面比别人慢一步。本学期的某一天，许同学气冲冲地跑进教师办公室，说葛同学带人打了他，而且好几位同学都动了手。经了解，当天上午，许同学做练习册时，偏要让同位的葛同学将练习册给他抄袭，被拒绝后，就揪了葛同学的耳朵。事后，葛同学将这事告诉了几个身强体壮的同学，那几个同学一听，就打抱不平，不管三七二十一就揍了许同学。于是，我先将当事人叫到办公室，让他们写出事情经过，以便核实情况。然后就事论事，先安抚许同学，同时肯定他遇事向老师报告的做法，就因为他这样做才避免了事态进一步扩大。同时指出，恃强凌弱是不对的，用刚才几个比他更强的同学打他的事实教育他。并特别强调，抄袭作业是不对的，如果作业不会做，可以向老师请教。最后，让其先向葛同学认错。在老师的耐心教育下，许同学认识到了自己的错误，表示要改正自己的缺点。接着，我找来葛同学，首先肯定他不给同学抄袭的行为是正确的，然后指出，找别的同学帮忙教训别人是错误的，正确的做法应是向班主任或科任教师反映，本次纠纷因为他处理不当，导致"群殴事件"的发生，应给予批评，并要求其向许同学认错，求得谅解。另几位参与打人的同学，也是先肯定他们动机上的某些优点，严肃地指出方式上的错误，要求他们写检讨，并当面向许同学认错。这一事件得以平息。我以此为契机，在语文课上让学生展开讨论，并以此为材料，要求学生写一篇议论文，可联系学生平时作业抄袭、考试作弊现象，谈这种做法的危害；也可联系校园中欺凌事件，谈如何正确处理同学之间的矛盾、纠纷。作为一个语文教师，担负着教书育人的重任，对学生的宽容应该有个度，虽然许同学学习困难，教师根据实际情况应给予适当宽容，但是任其抄袭就突破"度"了，宽容不等同于纵容，否则就是对学生的放任。同时，要做到是非分明，并且要教育学生分清是非。本次事件，由于做到了宽之有度，抓住了教育学生的契机，学生思想认识得到了提高，作文内容也不再空泛。

教育学生是门学问，其根本目的是促进学生身心健康成长，助其成人成才。严之有法，宽之有度，才能达到惩戒与激励的目的。

怎样让学生的语文学习更有效

教了近三十年的语文,越来越感觉自己教得不好。自己常觉身体已经不能适应"时间加汗水,拼命加玩命"的强化训练、加班加点,表现之一就是自己的学生语文考试均分已不如刚刚任教的教师。工作中,当年轻教师以师傅之名相称时,心中常觉得惭愧。如何才能让自己课上得精彩,并且能让精彩的课出成绩? 是我长期思考并研究的问题。我也上过一些市级公开课,甚至还给青年教师做过些培训工作,平时上课学生听得也算津津有味,但一想到学生成绩,就有些汗颜了。我常常反思:平时课上得也算精彩,怎么学生的考试成绩就不算理想呢? 作为一个语文教师首先应该想到这样一个问题:在我们的语文教学中,怎样让学生的语文学习更有效?

首先,有效学习,是相对于低效学习、无效学习而言的。无效学习是问题的极端,从实践情况看,不常见,学生更多的是低效学习。如何让低效学习变得有效? 是一个需要想清楚的问题。

其次,如何才能做到有效学习,要从两个维度去考虑,一是语文教师应如何教,二是如何引导学生去学。

再次,教学应把学生的学放在首位,教好,是为了学生学好。教师课堂的精彩,不是教师个人的精彩,而是师生共同的精彩,学生学得有效是衡量教学成效的主要因素。通过教学上的反思,我发现过去更多的时间是花在如何去教上。如花大量时间钻研教材,对教材研究有所得就有些得意;再如研究教法,对教学流程中许多自以为妙的安排,也孜孜以求。在教学目标上,总是考虑学生应该学会什么,但忽略了一些重要的因素:学生知道了多少,还不知道多少;学生哪些学起来会比较容易,哪些学起来会比较困难;学生对所学内容感不感兴趣;学生最近忙不忙;学生最近心理状态怎样;等等。教学尽管做了准备甚至精心准备,但缺少对学习的主体——学生的了解,难免盲目。课堂上,学生注意力不集中,学生无精打采,学生讲话、做小动作,学生不配合老师的现象时有发生,教师只好不断组织教学,费时费力,甚至感慨现在学生基础差,学习习惯不好,生源不理想等。

学习了《中学教师的职业标准》《高中语文单元教学的构建》《教师职业道德解读与实践导行》等教育教学著作后,我深受启发。教师一定要尊重学生的差异,了解教学的对象,同时也要对教学内容有较深的理解。尤其是《高中语文单元教学的构建》这本书,使我认识到,单元教学是现代教学的基本原则和普遍方式,对语文教学的意义重大;语文教材的单元编排体现了编者的意图,要做出自己的分析判断,进行选择性使用;要学会对语文教材的单元编排进行剖析;在单元教学中,参考选文功能类型的理论,合理确定课文的教学内容;处理好单篇课文与单元目标的关系;在必修与选修课程中,处理好基本阅读能力与文体阅读方式的关系;养成单元备课的工作习惯,积极探索高中语文单元的多种组合方式;在单元教学中促进自身专业知识的深化,促进学生语文学习方式的根本性变革。鉴于此,我就针对《荷塘月色》《故都的秋》《囚绿》在单元教学的不同功能、写景方式的不同特点,在教学内容的选择上、教学目标的设计上进行了各有侧重点的处理。同时针对学生的年龄特征和心理特点,在教学过程中进行相机诱导,取得了较好的成效。

单元教学的构建,只是语文教师教学处理的一种方式,是解决教师如何教的问题。要使学生的语文学习更有效,还要考虑引导学生如何学的问题。我从新课程标准学习中获得启发,那就是真正落实学生的自主学习、合作学习、探究学习。因为学生才是学习的主体,学生的"学""学得怎么样"才是最重要的。为了提高学生的语文学习效率,我采取了如下做法:(1)检测学情。就是在教学某一篇课文之前,先根据教学目标和教学重点,编制一个导学案,让学生进行充分的预习,并完成导学案,教师再根据对导学案的批阅了解学情。(2)以学定教。根据学生导学案中存在的问题,调整教学内容和教学方式,做到有的放矢。(3)重视学习过程。就是让语文课堂教学的过程,变成学生自主学习、合作学习、共同探究的过程,而这个过程不仅能让学生获得陈述性的知识,更重要的是学生的语文学习能力得到了提高。(4)重视课堂评价。这种评价不是一种笼统的评价,而是对学生语文学习习惯、学习态度、学习方式、学习成效的具体评价。由于突出了学生的"学",课堂面貌焕然一新,学生的语文学习变得更加积极主动。从学生多方面表现看,学生的听、说、读、写能力明显提高。

　　我由此认识到:要想让学生语文素养更高、语文成绩更好,有赖于学生语文学习有效性的提高。而有效的语文教学,需要教师真正地将以学为主、以学定教落到实处。

虽事细，却情深

——《项脊轩志》细节传情艺术浅谈

"世界上有无数片树叶，却找不到两片完全相同的叶子；古往今来，传情显志的文章浩如烟海，可写出的又各不相同。我们能不能在这大千世界上撷取一片属于自己的树叶，写出表己情、抒己意的文章呢？"指导学生作文时，我常如是说。

"物是人非，亲人亡故"是人类不可避免的伤痛，从古至今，人们品尝着这种苦痛，咀嚼着这份伤感，抒写着此类诗文。人生的伤痛总是相似的，可每个人的伤痛又各有各的不同。人的遭遇不同，经历的世事不同，其中的细节也是千差万别，深切的感受更是因人、因时、因地而异。这，也就有了写作的不竭的源泉。

归有光的《项脊轩志》写小事，抒大情，正是此类"树叶"中的奇葩，文苑中的标本。清人梅曾亮说："此种文字，直接《史记》。韩、柳不能掩之。"曹丕在《典论·论文》中指出："盖文章，经国之大业，不朽之盛事。"韩愈主张"文以载道"。历代文人写的散文，对象多是帝王将相、名公巨卿、英雄豪杰、骚人墨客，多是"载道"文学、"大业"文学；而归有光大胆地将市井细民、平民百姓写入散文，借鉴小说的细节刻画，开启了一个"无文不可写，无意不可入"的散文时代。

归有光（1507—1571年），字熙甫，号震川，明代昆山人。嘉靖十九年（1540年）中举，后来"八上春官不第，徙居嘉定安亭江上，读书论道，学徒常数百人，称为'震川先生'"，著有《震川先生集》，《项脊轩志》是其代表作。他的散文，笔意清淡，情意缠绵动人，将对亲人的思念，人事沧桑之慨，光阴易逝、怀才不遇之痛，隐含于所述的生活琐事之内，寄寓于细节描写之中。所述之事可谓小，其抒之情实乃深，借细节以传情的艺术，令读者为之感叹，令写者心摹手追。

《项脊轩志》共有六个自然段，前四段写于作者十八岁，后两段为其三十五岁时所作。文章第一段开头"项脊轩，旧南阁子也。室仅方丈，可容一人居"。从"阁子""仅方丈""容一人居"可见其"小"；"百年老屋，尘泥渗漉，雨泽下注；每移案，顾视无可置者"，是写项脊轩的"破""旧""漏"；"又北向，不能得日，日过午已昏"是写其屋的"阴暗"。作者如实描述破旧老屋,实不为丝毫嫌弃,乃为情之所系,屋有至情也。"余稍为修葺","又杂植兰桂竹木于庭",再"借书满架",就能"偃仰啸歌,冥然兀坐,万籁有声"。其雅致,其恬淡,其悠然自得,已是可感可见。"而庭阶寂寂,小鸟时来啄食,人至不去。三五之夜,明月半墙,桂影斑驳,风移影动,珊珊可爱"则更是让人心为之神往,情为之陶醉。万籁有声胜无声,风移影动更显静。以"有声"衬"无声",以"动景"衬"静谧",月白风清,桂影婆娑,诗情画意。写环境,也写人,环境与人水乳交融。贯穿其中的是一个"喜"字,显露的是浓浓的眷恋的"情"字。此屋此景,作者亲眼所见,亲临其境,亲身感受,故用的是直接描述,其描写的景物细致传神,虽不事雕琢而见其工。

第二段"然居于此,多可喜,亦多可悲",承上启下,为过渡。

第三、四段写可"悲"者有三处:

一是写项脊轩外的变化,为可"悲"者一。"迨诸父异爨,内外多置小门墙,往往而是。东犬西吠,客逾庖而宴,鸡栖于厅。"寥寥数笔,顿显家庭的颓变、衰落、混乱不堪。从这样的叙事中,读者又何尝不见作者心中的隐痛与感慨。

二是写轩内,母亲遗事,为可"悲"者二。作者八岁丧母,往事不甚了了,采用的是借老妪之口引起回忆,真实而自然。"某所,而母立于兹。"母亲的慈爱的身影,恍如眼前,思念之情扑面而至;"以指叩门扉"的动作细节,"儿寒乎?欲食乎?"的语言细节,让人宛若时空交错,听得到那叩门的声响,听得见母亲亲切而慈爱的话语,那绵绵的情意散发于字里行间。如果母亲还在身边,那该有多好啊!可是,母亲的音容只能由身边的老妪说出,此种刻骨铭心的思念,让人欲哭无泪。

三是写轩内,祖母遗事,为可"悲"者三。写祖母的是作者亲眼所见,亲耳所闻之事,采用的是直接描述。同是祖母的语言,又分对话性的和自语式的,"吾儿,久不见若影,何竟日默默在此,大类女郎也?"语中亲切而风趣,爱怜中有夸誉,是为对话性的;次写喃喃自语,"吾家读书久不效,儿之成,则可待乎!"与祖母的年龄、身份甚为契合,忧虑中饱含着期望;再写动作"持一象笏至",配合着语言:"此吾祖太常公宣德间执此以朝,他日汝当用之!"希望、鼓励、关怀表达得淋漓尽致。亲人的怀念,祖母的殷切期望,光阴蹉跎,前途渺茫的忧虑,有负于亲人的痛楚,让作者百感交集,真的"令人长号不自禁"。

第五、六段,为作者补写。怀念亡故的妻子,为可"悲"者四。时光是一台过滤器,它将留在人内心深处最令人难忘的东西存储在脑海中。怀念亡妻,作者同样是抓住富有特征的日常琐事的细节来写。如"从余问古事""或凭几学书"，可以想象出当年这对夫妻间的耳鬓厮磨，琴瑟和谐；虽无"相亲相爱""相敬如宾"之语，却让人有夫妻恩爱之感。"吾妻归宁，述诸小妹语曰：'闻姊家有阁子，且何谓阁子也？'"妻的天真无邪之情态，真的是跃然纸上。当年的伉俪情深，唱和相随的欢乐反衬出今日丧偶的悲哀。末一段"庭有枇杷树，吾妻死之年所手植也，今已亭亭如盖矣"，一是寄寓着"物在人亡"的悲情，睹物思人；二是暗示着妻已死去多年，抒写光阴易逝的感慨。"亭亭如盖"是写树的茂盛，是为乐景，衬托的是作者绵绵的思念，表达的却是哀情。亭亭如盖的枇杷树，像一个特写的镜头，定格于读者的脑海，真是"不言情而情无限，言有尽而意无穷"。

"一枝一叶总关情。"归有光的《项脊轩志》以平淡的生活琐事入文，捕捉生活的细节和场面，进行了富有特征意义的描述，将平凡之事赋予了不平凡的意义，自然入理地运用直述、转述、回忆、追忆的形式，将"一间屋，三代情"真切地流淌于笔端，如行云流水，舒卷自如，虽笔墨纡徐平淡，却悱恻动人。所选所写之事可谓小，所抒之情可谓大——乃人生永恒的大悲情。事事关情，语语传情，虽事细，却情深。

（此文发表于《学语文》2010年第2期，有改动）

把"教学参考书"放在参考的位置

多年前，朱镕基总理为国家会计学院题词："不做假账。"粗看要求很低，但细一分析，却见其犀利，可谓切中时弊。在强调语文教师专业化发展的今天，把"教学参考书"放在参考的位置，看起来也是小事一桩，窃以为，这也是关乎语文教师专业化发展与教学质量的大事，是语文教师专业化发展的必然要求。

所谓教学参考书，是指与教材配套的教师教学用书。语文教学参考书在"阅读鉴赏"部分，每一单元都备有比较详细的"单元说明"，每一篇课文都提供了"课文研讨""关于练习""教学建议"和"有关资料"四方面内容，"表达交流"与"梳理探究"提供了"编写意图""教学建议""有关资料"三方面内容。教学参考书内容翔实，资料比较完备，为新老教师提供了一定的帮助。但是长期以来，不难发现这样的现象：有部分语文教师在备课过程中颠倒了教材与参考书的位置，教材还未细看，就忙于参看教学参考书，将现成答案抄于教材之上，然后教给学生，教师成了教学参考书的传话筒。久而久之，教师对参考书产生了一种严重的依赖，离开了教参，似乎就不会备课上课了。在新课标实施之初，有些地区开设了一些选修课，由于没有配备现成的教参，许多语文教师选修教材就不上了，问之，则答曰："没有教参。"我曾担任高级教师考评课的评委，由于是临时抽课，有些教师短时间内找不到教参，于是有一位初中语文教师将刘禹锡的《陋室铭》中的"苔痕上阶绿，草色入帘青"句，解读为："陋室周边绿草如茵，空气新鲜，是多么环保啊！"一位高中教师将苏轼的《江城子》中"尘满面，鬓如霜"句解释为："灰尘满面，两鬓斑白如霜。"这些教师都已到了评高级职称的教龄了，但一旦离开教学参考书，对课文的解读竟谬误如此！由此可见一斑。这些都是平常缺少独立钻研教材，照抄教参现成分析造成的恶果。教学参考书本应帮助教师解决备课中的困难，让教师更准确地理解教学意图、教学内容、教学方法，却成了语文教师惰性生长的温床，阻碍了教师独立钻研教材的积极性和教学创造性的发挥，教师专业发展、教学个性发展成了一句空话。如果运用语文教育的新理念来考察,教学参考书不当使用,已严重影响了教师的专业发展。

其负面影响具体表现在:

1. 不利于教师主动性、创造性的发展。教参中的"课文研讨",对课文的重点、难点常常做出简要的阐释,容易让教师当作最具权威的结论。殊不知,作为一篇文章或文学作品,是"仁者见仁,智者见智"的,编者的理解不能代替教师和学生的见解。如果照抄照搬,教师独立钻研教材的主动性丧失殆尽,长期下去势必会束缚教师的创造性,容易使教师形成思维的惰性,提高教师自身的语文教学素质又从何谈起?

2. 不利于教师面向全体,因材施教。各校情况不同,学生基础各异,语文教师应考虑自己所教学生的理解能力的差异。如果统一要求,养成一种思维方式,学生学习语文的积极性将大打折扣,也磨灭了学生的个性。

3. 不利于教师转变教学观念。备课是教师自己的事情,教学目标、教学重点、教学难点,由教师自己根据实际情况确定,如果由编者代劳,语文教师的素养会在被动接受中降低。

4. 不利于推动新课改的顺利进行。新课程理念,强调教师在课程选择上的主动性与创造性,教师是课程的实施者,也是课程的设计者,站在讲台上教师就是课程。叶圣陶先生说:"教材无非是个例子。"教师可以选择这个"例子",也可选择别的"例子"。即使是同一个"例子",在教学内容的选择上,应根据教学目标、教学计划,合理取舍,以学定教,也不一定要面面俱到。由于对教学参考书作用的误解,许多教师将参考书上的内容悉数传授给学生,唯恐有所遗漏,教学就完全成了教学参考书的传声筒。

总之,教学参考书本应是教师教学的帮手,却异化成了教师专业发展道路上的绊脚石。在强调教师专业发展的今天,教师应正确认识教学参考书的作用,改变使用教学参考书的不良习惯,使教学参考书与教材真正地成为教学的双翼。我认为,促进教师的专业发展,首先要做到,认识到教学参考书使用上的痼疾,正确对待和使用教学参考书,才能实现教学相长。那么如何正确使用教学参考书呢?在拿到教材与参考书时,第一步,要先独立钻研教材,不要急着去看参考书,"不愤不启,不悱不发"适用于学生,同样适用于教师;第二步,在钻研教材之后,再参看教学参考书,以拓宽自己的教学视野,弥补自己解读教学内容上的缺漏。这样做,虽然有些费时,但长期坚持,教师解读教材以及对教材的驾驭能力必将提高。看似改变的是一个不起眼的习惯,反映的却是一个教学观念的转变,对教师的专业发展功莫大焉。

具体表现在:

1. 有利于促进教师教学观念的转变。教师在备课的过程中,没有先入为主的观念,教学的主动性和创造性就能得以发挥,就能正确把握语文特点,从全面提高学生语文素养出发,积极倡导合作探究的学习方式,努力建设开放有活力的语文课程。

2. 有利于提高教师素质。教师在研读教学参考书之前,先研读教材,可有助于深入钻研教材。教师对教材的理解有一个逐渐深入的过程,教师钻研教材的过程,就是学习与思考的过程,也是自身素质提高的过程。试想,如果把大量精力放在钻研教学参考书上,而不是放在钻研教材上,教师缺乏对教材的深入挖掘,只满足于了解教学参考书上现成的答案,后果之一,教师不能体会语文学习的甘苦,而这种甘苦对教学起到的是启示作用,教师研读教材的过程,也是考虑学生学习可能遇到的困难、寻找学生兴趣点的过程,教师完全可以以己度人,将学习的甘苦通过教学显示出来。后果之二,教学参考书上未必完全准确,即使完全准确,也只是编者对教材的解读,何况解读本身也有一个多样性的问题,并不能代表教师个人的个性化解读,这一点在文学作品阅读中表现得更为明显。

3. 有利于学生的发展。教师教学应充分考虑学情,不拘泥于教学参考书,在独立研读教材过程中,充分考虑学生的阅读能力、思维方式和理解能力。在制定教学目标和教学重点时做到因学生而异,以学定教。

4. 有利于教师的创新和团队合作精神的培养。教师对教材的处理是有规律可循的,既要尊重共性,也要有个性的发挥。教师的大胆创新,发挥教学个性,容易引起学生的兴趣,成就精彩课堂。教师也可以备课组的形式,互相合作,共同研究,实现资源共享。

教学参考书,如果使用得当,确实能对我们的教学起到指导与辅助作用。但就现在普遍使用教学参考书的习惯而言,教学参考书上对教师的专业发展起到了阻碍作用,尤其是语文教师。我借助本文呼吁:把"教学参考书"放在参考的位置!

例谈小说教学内容的确定

在中学语文教学中,小说作为文学体裁之一,其确定的教学内容不同于一般的文章,有其独特性:不同的小说因时代、国别、风格、文本特点以及学情的不同,需要对其教学的内容进行必要的选择;处于教材不同位置的文学作品,其小说教学内容的确定也因其承担的教学任务各有侧重。本文以小说《边城》教学为例,试从学情、教材的编写意图、文本特性、个性化解读等四个方面,对如何确定小说的教学内容阐述见解。

教学《边城》之初,我陷入沉思:如何引导学生去品读被誉为"现代文学史上最纯净的一个小说文本""中国现代文学牧歌传说中的顶峰之作"? 如何引领学生去感受一个离我们已经渐渐远去的充满山水之美、风情之美、人性之美的边城湘西? 又如何帮助学生去领略小说语言的独特魅力,领会小说深刻主题?《边城》,它不似《林教头风雪山神庙》——情节曲折生动而引人入胜,也不像《装在套子里的人》——语言夸张幽默而寓有深意,它像一首抒情诗,又像一篇小品文。当代的高中生,心有旁骛,读不进去;心不宁静,走不进去;教不得法,品味不了它。面对小说文本,语文教师在研究如何教之前,首先绕不开的一个问题就是"教什么",即小说的教学内容该如何确定。

课文《边城》选自小说第一章第三节和第二章四、五、六节,作为一篇中篇小说节选,它选入的部分包含了编者的匠心,承担了引导学生欣赏不同风格小说、提高学生小说鉴赏能力的任务。语文教师确定小说的教学内容,既不能视同于非文学作品,又不能混同于其他体裁的文学作品,更不能等同于同一单元的小说课文。课文《边城》作为小说,是文学作品的一种形式,其教学内容的确定,既要符合一般课文教学内容确定的原则与方法,又要符合文学作品中小说阅读教学的独特规律,更需将这篇小说的文本特色与学生的阅读现状考虑进去。根据多年教学小说的经验,我认为,文学教学内容的确定必须考虑以下因素。

学情——小说教学内容确定的依据之一。

　　从学生阅读现状看,学生对小说及其他文学作品的阅读,"量"的积累严重不足,"质"上的要求也不高,读小说大多追求情节,很少对小说的环境描写、人物形象及其意义、小说的主题及语言、写作技巧诸方面进行思考、探究。如果说,小说可分为通俗小说和纯文学小说,那么,有调查显示,许多学生读的多是通俗小说,真正阅读名著等纯文学小说的学生并不多。像《边城》这样一篇不以情节取胜,而是采用独特叙述方法和细致入微的心理描写的纯文学文本,教师如不给予正确引导,学生将无法真正与小说亲密接触,无法真正进入小说所描绘的情境,也无法将小说中的人物形象在心中立起来,更无从领会作家寄寓在小说中的深意。依据此种学情,教师教学内容的选择就必须要有针对性。以教学《边城》为例,教师可选择这样一些教学内容,如:阅读全文,圈划出文中关于乡村社会的景物、风俗描写,体会本文的写作风格,探究作家的思想背景和理想追求;找出祖父、翠翠的语言描写,结合动作、神态描写,让学生学会品读、感受,揣摩小说人物的心理,体会别样的人物风情。让学生努力在阅读活动中,实现由心躁到心静的转变。这种阅读习惯、阅读兴趣、阅读感受力的教学,是基于学情分析并顾及这篇小说特色而做出的选择。

　　教材的编写意图——小说教学内容确定的依据之二。

　　语文教材是语文教学的蓝本,担负着学生积累语文知识,提高语文能力、语文素养的使命,它的科学性、序列性和层次性体现着编写者的智慧与意图。理解了教材意图,就能简化教学程序,提高备课效率,有助于教学内容的确定与整合。从宏观层面上看,"语文必修五"是高中语文教材学段上一个点,"必修五第一单元小说阅读"是语文必修五上一个点,《边城》则是必修五第一单元小说阅读中一个点,如何就某一课选择教学内容,必须服从这个单元总的教学要求,并要有所选择,有所侧重。"理解作品蕴含的感情""了解作者的意图""能从人物、情节、环境这三个方面进行分析"是"单元教学"对小说阅读的总体要求。教材编选的三篇小说,在感情、人物、情节、环境、主题、细节等方面各具特色,因此,教师在进行《边城》小说阅读教学时,就不能仅仅停留在一般的阅读层面上,而是要将它上升到教材的教学层面,让它担负起符合文本特性的教学任务。就课文《边城》而言,"在梳理情节结构基础上把握人物形象及其身上体现出来的淳朴的人性美,学习小说细腻逼真的心理描写,把握环境描写的作用"是教学的总体目标;"小说中塑造的人物形象及其体现出来的人性美"是教学的重点;"理解人物微妙的心理活动,感受小说中蕴含的人性美,提高学生对含蓄语言的感悟能力,探究作者的思想背景和作者社会理想等"是教学的难点。以学定教的原则的贯彻、教材的编写意图的实现,决定了语文教师在教学内容选择时,不能贪大求全、面面俱到,而要因文而异、因材施教。

文本特性——小说教学内容确定的依据之三。

小说是语言艺术,读小说当然是读语言,语言与人物、情感、主题思想是血肉相连,浑然一体的,绝不能割裂开来。由于工作关系,我听过不少语文常态课和公开课,发现:许多教师在小说阅读教学中,不重视小说的文本特性,漠视和架空教材文本,抛开教材的文本资源,空化、泛化教材文本,教材文本被作为"教学的摆设"随意拓展发挥,如:大量的背景分析,或搞一些所谓的大家的评论,鲜活的小说被教得枯燥无味,被肢解得七零八落,文学的空灵与美感不见了踪影。这样,附着在文本之中的语文特性与文本特性被异化,学生不能真正进入小说并有所感受,有所领悟,阅读小说的兴趣索然,鉴赏能力变成了答题能力。

那么,如何依据文本特性确定小说的教学内容呢?这取决于小说的形象性、典型性与情感性的特点。小说有其固有的特性,往往显示着鲜明的文学性、人文性。深入发掘教材文本资源构成的教学内容,从文学的内容与形式两方面考虑,既要注意它的文学性、人文性,又不能忽视它的工具性;既要注意某种文学体裁的共同性,又要注意此种体裁的独特性。如小说《边城》,作者在文中的感情是寄寓在客观的描述中的,人物形象是通过细致的描写表现出来的。教师就要依据这种文本特性,结合作家沈从文在总结创作意图时的一句话——"我要表现的本是一种人生形式,一种优美、健康而又不悖乎人性的人生形式。"可以确定将"把握小说主题,体会人物淳朴的人性美"作为教学内容,并在引导学生探究主题时将作者的总结作为解读文本的一把钥匙。又如,《边城》以叙事为主,采用了散文化的叙述手法和细致入微的心理描写来展开情节,描绘生活画面,表现时代风云。在心理描写的运用上又不同于《项链》那样的西方小说采用的静态心理刻画,在故事情节的展开上也不似《林教头风雪山神庙》般波澜起伏。教学中,既要注意其心理描写的独特性与差异性,也要注意引导学生透过故事情节的表层,探寻蕴涵于字里行间的时代气息、社会发展、思想意识和生命形态。在指导学生阅读《边城》时,引导学生关注小说的自然环境、社会环境、心理环境描写,也应作为教学的内容之一。教师不仅要引导学生把目光投注于人物,了解人物特点以及这些特点是如何展现的,弄清人物与作者的写作意图有怎样的联系,还要引导学生关注环境,了解人物所处的环境是怎样的,那样的环境为人物性格的展现起什么样的作用,以及它与作者的写作意图有怎样的联系。因为,小说中的人物总是生活在一定的自然环境和社会环境之中,受环境的影响和制约。《边城》描写的环境堪称"田园诗的杰作",描述的是一个与当时充斥虚伪、自私、卑鄙、懦弱、冷漠而又冠冕堂皇的都市现代文明相悖的农业文明,细心品读,美不胜收。其中,有风景之美:一座优美、宁静、活泼、生机盎然的湘西山城,一个天朗、风轻、水清、健康、自然、优美的世外桃源;有风俗之美:每到端午节,家家锁门闭户到河边观看龙舟比赛,参加河中捉鸭子的活动,正月十五舞龙、耍狮子、放烟火,使得小小的山城沉浸在一片欢乐的海洋之中;有人性之美:古朴、淳厚的民风,物质条件各异的老船夫、翠翠、天保、傩送、无名的士兵、水手、商旅,人人单纯、善良、可爱,品性质朴、纯真,那是一片净土,宁静美好如梦。作者正是运用那山花流水般的画笔,让作品散发着泥土的清香,显示了湘西山城特有的地方色彩。如不能将之纳入教学内容,引领学生去领略,实在可惜。具体教学时,还可抓住《边城》人物形象塑造中多用心理描写的特点,通过分析人物对话、微妙神态和感情变化,感受耐人咀嚼的韵味,进而探幽析微,去触摸人物的心灵,深入人物的内心世界,领会人物丰富而复杂的思想感情。至于《边城》的情节,它不以曲折见长,但课文第六节中"老船夫"与"卖皮纸的过渡人"的争执,读起来却让人兴味盎然:一个偏要多给钱,"一手铜钱向船舱里一撒";一个死活不多收,"把钱强迫塞到那人手里,并且搭了一大束烟草到那商人的担子上去";人物你来我往的动作、对话、神态描写,加之此刻翠翠的"误会"——心理描写,情节有了波澜,人物立时鲜活,淳朴的民风有了如此生动的注脚。

个性化解读——小说教学内容确定的依据之四。

"一千个读者就有一千个哈姆雷特。"个性化解读,是一种探究性细读、品读、研读,是鼓励学生合理联想、想象,大胆表达自己阅读感受与见解的一种阅读,是一种尊重学生阅读独特体验的表现。教学中,个性化解读,必然具有教师的个性特质,也有学生研读作品后闪现的思想火花,可以出现"作者、编者未必然,教师、学生未必不然"的现象。文学作品的多向性、多义性、包容性,给这种阅读提供了一个平台;学生的知识水平、生活经历、情感积淀、阅读状态等的不同,是产生这种解读差异性的因素。如:《边城》被读者看作是"一部证明人性皆善的著作",但就在课文中,就有"吊脚楼上有娼妓人家""且听水手之一说楼上妇人的爸爸是七年前在棉花坡被人杀死的,一共杀了十七刀"的句子,与《边城》

描绘的那幅民风淳朴的风情画,是如此不协调,该如何理解作者对这一细节的安排? 又如,"人物非正常死亡""离家出走""爱情破灭"的阴影笼罩在小说故事之中,往往容易被一般读者"忽略",由此衍生出一个问题:《边城》真的是沈从文笔下一曲田园牧歌吗? 这里补充沈从文的一段话:"我作品能够在市场上流行,实际上近于买椟还珠,你们能欣赏我故事的清新,照例那作品背后蕴藏的热情却忽略了,你们能欣赏我文字的朴实,照例那作品背后隐伏的悲痛也忽略了。"延伸的问题产生了:"我们是在买椟还珠吗?""作者的热情是什么?""作者背后的隐痛又是什么?"让学生通读《边城》全文,上网搜寻一些研究资料,写写读后感,作为课外研究性学习的内容。这些问题的产生与拓展,将实现文学教学内容课内外的融合,是"教学为了今天,更为学生明天做准备"的具体实践。

《边城》是一首清澈、美丽而哀婉的田园牧歌,《边城》是一份为人类的爱做出的恰如其分的说明书,《边城》是一剂滋养心灵、疗补人性的保健品。它,给我们语文教师以思考:从学生角度考虑,如何让学生学会品读,学会感受小说中人物的心跳,学会走进作家的内心世界,培养阅读习惯、兴趣,提高阅读鉴赏能力;就教师而言,如何确定文学的教学内容,遵循语文学习的规律与文学阅读的规律,切实抓好文学内容的教学,从而提高学生的文学修养、人文涵养、语文素养。我以《边城》例谈小说教学内容的确定,算是找到了一个切入点、落脚点与突破口。

(此文发表于《学语文》2015年第1期,有改动)

他山之石，亦可攻玉
——课内外融合的有效性摭谈

"教材无非是个例子。"叶圣陶先生如是说。

在新一轮的课程改革中，我开展了课程资源开发和利用的研究，进行了"李白李之仪当涂诗词课程化利用研究"的教学实践。下面从如下一节课谈起，谈谈语文课内外融合的有效性问题。

这是我在马鞍山市三县联动教研活动上开设的一堂地方课程资源研究课。主持人要求含山、和县、当涂三县各以本地地方资源为教学内容，进行语文课堂教学的研究。接到任务后，我就选择了当涂历史名人李之仪的《忆秦娥·清溪咽(用太白韵)》，以"一首美词，一段悲情，一生归宿——忆秦娥·清溪咽(用太白韵)"为课题进行了公开课教学展示，并设计如下教学目标：(1)进行吟诵指导与训练，使学生能吟出韵味，再现形象与意境；(2)研读本词，体会炼字及修辞手法的妙用，体悟作者情思；(3)粗略了解李之仪的当涂情怀。教学重点：(1)运用吟诵方法，品味词的韵味与意境；(2)分析炼字等修辞方法，分析、了解词中蕴涵的作者情感。教学方法：吟诵法、讨论法。

教学内容是课外的，它能不能作为课程对学生进行语文课堂教学呢？答案是肯定的。作为课外的诗词能不能通过教学的有效融合从而实现教学目标并达到培养学生语文能力和素养的目的呢？我在教学之初对上述问题进行了思考，然后，在设定目标时把培养学生语文能力和素养作为首要的目标，如"诗词的吟诵指导与训练""诗词学习中的联想与想象""诗词的炼字等修辞运用""诗词的意境与情感"等。这些内容都是诗词教学的重要内容，学生必须通过学习实践去感悟、去体会、去理解，去进行方法总结，而课外的诗词尤其是地方课程资源对学生有一种新鲜感，更容易激发学生学习的兴趣。学生通过学习，对诗词的内容及艺术手法有了一定的了解，同时通过教师对背景资料的介绍，了解李之仪在当涂的行踪及一段悲情，提高了学生对地方历史文化名人的关注。当学生面对李之仪的塑像，诵读李之仪《忆秦娥·清溪咽(用太白韵)》时，字幕出现的那"生游当涂,死葬当涂"的语句,既显示了诗人对当涂的那份眷恋情感,又使学生通过学习这首词增进了对家乡文化名人的了解。应该说,这节课达到了预期的目标。

他山之石,亦可攻玉,运用课外的鲜活的教学内容同样可实现语文教学的目标,通过课内外融合同样能实现语文的有效性。

选修课的理想化色彩与尴尬

新课程实施的一个重要的标志,是将语文课程分为选修课程和必修课程。教师必须在一年半的时段内上完必修课,其余时间将用来进行选修课的教学。这样做,旨在引导教师建立全新的课程观念,能够根据教学的需要和学生的实际情况进行取舍和整合,让学生能够根据自己的兴趣进行选择。选修课教学重在一个"选"字,因而在教学内容上应体现出选择性,这种选择性更多的是学生的一种选择。既然是学生的选择,就必然要考虑到学生的个性化,符合学情需要是选修课教学重要的参考依据。尊重和突出学生的学习愿望与学习个性,重视学生的个性化学习,支持其特长和个性的发展,是新课程理论的一个重要理念,也是选修课程开设的初衷之一,当然应成为教师开展选修课教学的一个原则。这个原则的重要意义在于通过选修课教学,强化学生自主学习的兴趣爱好,发展个性,促进学生全面发展,为他们提供更大的学习空间,进而造就时代所需要的多方面人才。因此,个性化是选修课教学的核心之一,学生可以依据兴趣、能力自主选择某一选修模块,或在同一选修模块内选择不同的方向。

然而,不能不说在选修课教学的过程中,多少带有一些理想化的色彩,造成了一些尴尬。

表现一:教师必须在高二上学期一个学期内完成两册教材的必修课教学任务,以挤出时间给选修课教学,显得教学时间不足。这需要教师对教学内容进行合理的取舍和重组,而实际情况是许多教师还停留在新课程实施之前的教学理念上,教学内容追求面面俱到,总怕有所遗漏。大多数学生在过去的学段中没有培养出应具备的语文知识、能力和素养,因而大多数情况是,教师往往用补课的方式来完成教学的任务。同时,必修课安排了"写作和运用""梳理和探究""名著导读"等内容,这使教师普遍感觉教学时间紧,教学过程匆忙,学生的学习负担有加重的趋势。

表现二:选修课一般安排在高二和高三,这个时期学生高考的紧迫感明显增强,而选修的内容丰富多样,学生感觉学与不学对高考的影响不是很大,不愿花太多的时间来学习,缺乏学习的主动性。如果光靠教师引导,学生往往引而不跟,教师只好按照必修课的方式来教学,那样,教学内容的选择性和个性化教学无从谈起,教学时间也无法保证,也违背了选修课设置的初衷。

表现三:许多教师缺乏独立解读教材的能力,离开教学参考书就不知如何是好,而选修教材恰恰强调开放性,往往没有现成的教辅资料,有些教师就草草了事,甚至不教。学生对教师的依赖性强,教师教多少就学多少,少教则少学,不教则不学。语文选修课教学中应该具有的文本研读、问题探究、活动体验等过程,往往被虚化甚至被忽视。

以上种种情况,显然是有悖于新课程精神的。新课程强调教师要有课程意识,教材不是课程的全部,教师对教材要能灵活处理,不但要具备取舍和重组的能力,还要学会适当的生成和拓展,只要是能培养学生语文素养的,都能成为课程。新课程强调突出学生学习的主体性,学生要能根据自己的兴趣爱好、个性特点对选修内容进行自主选择,教师给予相机引导。新课程强调应重视学生的自主学习、问题探究、活动体验的过程,并在选修课学习的过程中提高语文学习能力和素养。学生在必修课教学中训练和培养出的能力和素养,应在选修课教学中得到检验、运用和强化。学生终身学习能力和个性化学习能力的培养是可以借助选修课教学来实现的。

没有理想的语文教学,容易僵化;光有理想而不正视现实的语文教学,容易飘浮。高擎理想主义大旗,走现实主义的道路,将理想化的色彩涂满旗帜,用它来引领选修课教学走出尴尬的境地,不失为一种思路。

首先,要通过各种形式的培训,提高教师对新课程的认识,使教师建立科学的教学理念,建立全新的课程观,并贯彻于选修课教学之中。

其次,帮助教师正确理解语文教学与高考的关系,高考考查内容涉及知识与能力、过程与方法、情感态度价值观诸方面,而选修课教学相比必修课教学有更大的演练和提升空间,切合高考语文重视能力考查的要求。

再次,要促进教师专业水平的提高,使之更好地独立解读教材和进行课程选择,并自觉地将知识和能力统一于语文素养的培养之中。建立科学的教学评价体制,营造以学术和教研引领教学的良好氛围。

例谈语文选修课教学的"一题多解"

　　语文选修课从设置初,"选修课该如何教?"就一直是广大高中语文教师及教研员力求解决的一个问题。时至今日,这个问题还没有得到妥善解决,众说纷纭,莫衷一是,许多语文教师特别是年轻教师常因此被困扰,语文选修课教学现状堪忧。本文试以《管仲列传》的三次磨课为例,谈谈选修课教学的"一题多解"。

　　第一次是一节高二年级的常态课,一位年轻的语文教师是这样教《管仲列传》的:导入课文后,疏通文言字词句,讨论管鲍之交,归纳总结管仲的政绩,最后讨论"孔子小之"的原因。整节课教师占主角,以讲为主,偶有提问讨论,课上得匆忙而急迫,学生疲于应付,课堂气氛沉闷。这节课的教学方式与必修课有什么区别呢? 教师面面俱到,似乎什么也不敢丢弃,平均着力,教学中看不到学生的兴趣,看不到教师教学内容的选择,看不到学生主动参与,学生一直被教师牵着走。一言以蔽之,没有体现选修课的教学特色。症结何在? 不妨溯本清源,从语文选修课的设置目的看,语文选修课是为了拓展学生的语文学习范围,增强学生语文学习选择的多样性、主动性,满足不同群体不同个性学生学习的需要,以培养和提高学生学习语文的兴趣、提高学生语文能力和语文素养为旨归。选修课在教学内容上应体现选择性与个性化,并符合学情需要。如果把选修课当作必修课来教学,有悖于选修课设置的意图,而且教学时间没保障,无从激趣,也无助于学生语文学习能力的大幅提高。

　　听取意见后,这位教师对教材进行了深入的挖掘,并从学生谈到的"鲍叔牙是管仲的知音"中得到启发,从课文中提炼出一个"知"字。整节课用"知"字串联起来,"管鲍之交"——知音,管仲被齐桓公委以重任——知遇,管仲为政——知政,司马迁与《管仲列传》——盼知。"知"成为课堂教学的主线,"知"是引导学生熟悉课文内容的切口,"知"是把握课文主旨与探究作者情感的钥匙。由于教师在吃透教材和熟悉学生上下了功夫,整节课重点突出,教师带着问题,引领学生读书、思考、讨论、探究,学生读书的兴趣、思维和情感被激活,课堂气氛活跃。较之第一次上课有明显的改观。回顾整节课,觉得教师的预设仍过多,问题基本上来自教师,学生还是在完成教师预设的任务。顾明远在《教师应该是学生成长的引路人》一文中指出,教师不能只传授知识,应该成为学生成长的引路人。把教师视为学生的引路人,就需要树立以学生为本、学生是主体的观念。一切为了学生的健康成长,相信学生的潜在能力,让学生自己去发现问题,解决问题。同时,他又指出,教师的主导作用,恰恰就在于启发学生的主体性,启发学生自主学习的主动性和积极性。

有没有更好的上法呢?

从教师的角度看,教师深入挖掘教材后,对教材的内容和特点有了一定的了解,这就为发挥教师的主导作用奠定了基础,但如何确定教学内容,教学采用何种方式方法? 还是要充分了解学生,尊重和突出学生的学习愿望与学习个性,重视学生个性化学习,支持其特长和个性的发展,充分体现学生的主体作用。同组另一位教师选择了另一个班级执教《管仲列传》。其大致课堂流程如下:学生自主阅读,找出阅读过程中的疑难问题,记下自己阅读中感受最深的一点;小组合作讨论,四人为一组,小组成员交换问题,相互讨论;全班合作解决疑难,每一小组将本组问题提交全班,全班学生共同尝试解决疑难,教师相机点拨;师生合作探究,先由学生说说感受最深的一点,教师经过归纳后,将有代表性或独特新颖的问题作为探究的重点。这位教师从学生表达的假设性问题"假如没有鲍叔牙,会有后代传诵的名相管仲吗?"中得到启示,另辟蹊径,以"读写的视角"为话题,进行课堂引导教学。他先让学生回答《管仲列传》中谁是传主,又问鲍叔牙在全文中起到什么作用,学生答不上来,于是教师先让学生划出文中写鲍叔牙的句子,然后要求学生从描写的角度区分一下。学生答,第一段是正面描写,第二段还是正面描写。教师肯定了这种说法,同时指出这是从写管仲的角度出发而得出的结论,如果从写鲍叔牙的角度回答,则第一段是正面描写,第二段则是侧面描写,因为鲍叔牙的事迹及为人是通过管仲之口表现出来的。并指出,问题的角度不同,答案也会随之变化,最后得出一个结论:读书需要一个视角。接着教师又指出,管鲍之交中主角是管仲,重点并详写了管仲的为政之才、为政之绩。从阅读的视角看,如果将鲍叔牙作为传主,那么管仲的政绩需要写吗? 需要详写吗? 为什么? 师生讨论后,得出结论:需要,但要略写,因为这些写管仲的内容反映了鲍叔牙知人识才,但如果传主换成鲍叔牙,详写的应是鲍叔牙。教师随后布置作业,依据课文,查找相关资料,写一篇《鲍叔牙列传》,要求注意视角。整节课内容丰富,环节紧凑,教师不求学生被动接受并鼓励学生主动发现,隐性成果得以显现。

以上所谈,只是一篇选修课文的磨课经历。在日常教学中,仍充斥着大量将选修课当必修课来上的语文教学案例,学生的学习个性得不到应有的尊重和突出,更谈不上支持其特长和个性的发展。这就促使教师应遵循选修课的宗旨和原则,给学生更大的学习空间,增强学习内容、学习方法与过程的个性化,采用诸如集中学习、小组学习、个别学习、合作学习等灵活多样的学习方式,在教学方式上采用讲授式、专题研究式、主题辩论式、实践活动式、讲演式等多种方法,遵循语文选修课教学文本研读、问题探究、活动体验的总体原则,语文选修课教学确实能够做到"一题多解"。

从学会分析入手，还议论文写作训练的
生活本色

　　作文是学生运用语言文字表情达意、交流思想感情的一种文化创造活动，这种创造活动与其生活、劳动、思维、认知活动密切相关，还与其成长密切相关。教师应根据青少年生活实际及其作文心理规律开展"导写"活动，从而引导学生观察并体验生活，用自己的语言真实地描写生活，抒发真实的感受。这种写作是一种训练，它是以培养学生写作能力为目标，以学生未来生活及发展的写作需要为目的的训练。因而，作文教学在习作内容上，要贴近学生的生活，遵循学生认知和思维发展规律，服务于学生未来的写作需要。高中阶段，是学生从形象思维向抽象思维过渡的一个非常重要的阶段，无论从升学的角度，还是从今后生活与工作需要的角度，培养学生的抽象思维能力都是至关重要的。分析，是抽象思维能力的重要组成部分，是学生生活、学习及未来发展必备的能力。分析能力的高低，是衡量人的文化水准及解决问题能力高低的一个重要标准。学会分析，进行符合逻辑的表达，是高中作文教学必须承担的任务，是体现语文学科作为人文性很强的工具性学科的一个重要内容。

　　现实中的作文教学却不容乐观，存在着认识上的一些误区和教学上的一些偏差，其表现如下：

　　1. 教师主动引导中学生写作议论文的意识不强。许多教师过分强调语文的"人文性"而忽视"工具性"；在议论文、应用文与文学作品的教学中，教师往往重视文学作品，而忽视应用文体和议论文体。阅读教学是这样，写作训练也往往如此。从平时作文和高考阅卷看，教师往往偏爱学生写作的抒情散文一类的文章，对有些运用了分析但又分析得不够准确的议论文，评分显得有些苛刻，缺乏对学生写议论文应有的倡导与鼓励。

　　2. 学生在写作训练中怕写议论文。写作训练时，如果遇及文体不限，学生大多选择记叙抒情类文体来写作，而写议论文的少之又少。如果要求只能写议论文，学生作文中也存在大量的"以叙代议"的内容，学生往往弄不清"记叙文中的叙述"和"议论文中的叙述"有什么区别。例证时,先大段地叙述一个具体事例,也不加分析,然后了事,认为这就可以证明观点了。实际上,这是"叙议不分",看上去像议论,但更像是叙述,学生戏称为"夹叙夹议",其实这是对语言表达方式概念理解模糊。不会正确使用议论,往往是不会分析,思维狭窄,缺少由此及彼、由表及里的分析能力。分析过程中缺少条理,往往是不会运用逻辑判断和推理,当然更不会综合、概括了。从学生整体情况看,议论文不如其他文体的写作效果好,学生也不太愿意写议论文,其中一个重要的原因就是缺少分析问题的习惯与能力。

3.没有着眼于学生未来学习、工作与生活的实际,学生在未来的学习、工作与生活中,常常遇到的是议论文,而不是文学作品。我们不妨自问:在各种报纸上,文学副刊占的比例有多少?在书店的售书架上文学书籍占的比例又有多少?现代生活中,又有多少人写文学作品或有意进行文学创作?倒是各种和议论文相关相近的论述文体大行其道,论述文体使用频率在生活中要远胜于记叙、抒情类文体。

作文训练,是培养语文素养的重要途径之一,也会影响学生未来的工作和发展,而议论文将是绝大部分学生未来运用的一种文体,在高中阶段,如不能得到有效的训练,势必会给学生未来的学习和工作带来影响。也可以说,这种文体,与学生的现实生活密切相关,是习作内容的生活本色,我们提倡学生写本色作文,就是体现教学要面向现实,面向生活,面向未来。尽管教师教、学生写都感觉有些困难,感觉没有记叙、抒情类文章来得痛快,但在高中阶段进行有意识、有计划的培养,提高学生议论文的写作能力,是必要的,也是完全可能做到的。议论文培养有众多途径、众多方法,如论点的提炼、论据的选择、论证结构的安排、论证方法的采用等,但据学生作文中反映出来的情况看,我认为,学生首先要学会分析,学生在写作中最难突破的瓶颈就是"分析"。如生活中许多人在发言之前已做了全力的准备,但总会在开头说上一句"我没有准备"之类的客套话。如果让学生分析,学生大多只会说这句话反映这个人谦虚,再进一步就不会分析了。真的就是如此吗?如能将思维拓展,可以得出如下众多的分析结果:(1)过分的谦虚就显得不真诚,准备了就准备了,说假话不能算是谦虚;(2)说这话,也是对听者的不负责任,人家来听你发言,你却不认真准备,就有可能浪费别人时间,对人是不礼貌的;(3)这也是很好的遁词,如果说得不好,是因为我没准备,与个人水平、素质无关;(4)甚至是一种骄傲,如果说得非常好,别人就会认为没有准备就能说那么好，要是准备了，那不是好得了不得吗？上述例子说明，作文训练尤其是议论文的写作训练，不仅仅是一种语言训练，更重要的是一种思维训练，分析能力作为思维中的一种能力，对于写好议论文至关重要。学生在阅读和生活中常面临着许多问题，这些问题常常提供的只是一种表象，如何真正解决问题，其中一个重要的环节就是分析，分析问题是提出问题与解决问题的桥梁。分析的过程，就是由此及彼、由表入里的过程，是一个逻辑判断与推理的过程，是一种依"据"说"理"、自圆其说的过程，也可能是一个推断的过程。鲁迅先生在读完《玩偶之家》后，于《娜拉走后怎样》一文中做出如下推断和分析："从事理上推想起来，娜拉或者也实在只有两条路：不是堕落，就是回来。""她还须更富有，提包里有准备，直白地说，就是要有钱。""自由固不是钱所能买到的，但能够为钱而卖掉。"妇女要争取自己的权利和自由，"第一，在家应该先获得男女平均的分配；第二，在社会应该获得男女相等的势力。"这段分析入情入理，颇有见地，令人信服，之所以产生如此的效果就是运用了层层的判断与推理。

本色作文主张学生要体现"生命本色""生活本色""生态本色"，在指导学生作文时，将思维能力培养和表达方式训练相结合，培养出未来所需的勤于分析的习惯及善于分析的能力，并能合情合理地表达，这不也是习作内容的生活本色的一种表现吗？

还习作的"原色"为"本色"

"语文课程标准"提出："写作要写自己要说的话，要感情真挚，力求表达自己对自然、社会、人生的独特感受和真切体验。作文教学要为学生的自主写作提供有利条件和广阔空间，减少对学生写作的束缚，鼓励自由表达和有创意的表达。"鉴于此，我在自己所带的班级除进行常规作文训练外，还要求学生每星期写一篇周记，允许学生自由表达，文体不限，内容不限，字数不限，可以模仿，不许抄袭。据作文情况看，学生的周记较之常规训练的作文要生动得多，可读性也较强。在周记中，语文教师可以更多地了解学生的生活轨迹、生命感受、情感世界，有利于教师更近地去考察学生的生命本色。同时，学生在自由写作中，显示了更多的写作"原色"。所谓"原色"，《现代汉语词典》中解释为"能配合成各种颜色的基本颜色"。就作文教学来说，是指学生尚未修改或修改后仍属粗糙状态的习作。这种"原色"从某种意义上说，有些单调，需要进行各种颜色的合理搭配，使之变得丰富多彩；有些粗糙，缺少必要的写作技巧，缺少可读性。

下面列举的这篇周记，即是这样一篇"原色"作文：

我们都要好好的

这个星期回家，意外地碰到了初中的班主任，我俩站在中学大门前，班主任问起同学们的近况，我说："大家都很好，分班了，也更努力了。"班主任满意地点点头，她说："现在教的班常常让我想起你们这群孩子，他们不听话不认真的时候会常常和他们聊起你们的事。"然后班主任指指我的肩膀说："你们都要好好的！"那一瞬间，我有些感动。

分别一年多了，渐渐地习惯了没有你们在身边陪伴的日子，高中的生活每天都像是上了发条一样，紧张而又忙碌，只是偶尔停下了脚步，抬头看看天,天很蓝,也会想起同在一片蓝天下的你们,大家都好吗?

红,你是我们几个当中唯一住校的,除了学习还要自己照顾自己的衣食起居,是不是好辛苦,我知道我是你最知心的朋友,初中的时候我们几乎形影不离,甚至连差点误闯男厕这种糗事都能做的一模一样,也许我们上辈子就是好姐妹,今生约定,也要做一辈子的好朋友。天渐渐凉了,床头我送你的小熊可是监督着你哦,要好好照顾自己。

阳,现在补上一句 Happy birthday! 今年的生日有我甜蜜蜜的蛋糕,有可爱的大头兔子,有丹"远道而来"的信心和《牧羊人之旅》,是不是感觉到了幸福的味道。你总说自己一个人很寂寞,但我们现在都各散天涯,谁不是孤单单的一个人,只要心不孤单就行了,虽然不能像以前一样天天在一起,但心里还装着彼此我们就不孤单。

雨,你知道吗? 我很喜欢你的名字,简单却让人感到诗一般的意味。以前你总说我画画很好看,但却没想到你突然就决定学美术,其实好羡慕你就这样为自己要走的路做好决定,而我却一直踌躇未定,所以,雨,你也是带着我的梦想上路,请你好好努力,我会在身后给你无尽的祝福。

还有苦,还有丹,还有你们大家,我们已在路上,各自奔波着自己的未来,无论以后还会发生什么,我们都要坚持,都要牢牢记住,我们要好好的。

这篇周记是一位高二学生写自己初中班主任和初中同学的作文,记叙了她和曾经的老师及同学的情谊,表达了对他们的怀念与祝愿,感情还是真挚的。尤其是作者能用老师一句看似平常却蕴含真情的话"你们都要好好的"作标题,全文围绕此句话展开,显示了较好的写作角度,但总体感觉这充其量也只能算是一篇"原色"作文。文字上的瑕疵姑且不论,文章开头和结尾看似有些呼应,但开头对自己的身份缺少必要的交代,"巧遇班主任"这一细节让不了解这位学生情况的读者会感觉到有些突兀;文章中间"与同学交往的回忆""对同学的祝愿"也缺少必要的过渡;文章内容还应多点细节描写,还需充实;语言需要修改、润色。

这位同学根据老师的指导,对习作进行了修改,以下是学生修改后的习作:

我们都要好好的

学校里繁密的香樟树色彩似乎丰富了些,仔细一看,发现多了些红色的叶子,才惊觉已是深秋。原来,在不知不觉中,高中生活已过去一年多了,忽然觉得有些伤感,不知道,心头有一种名叫想念的情绪在蔓延,往事烟云般地渐次涌来,渗进心里,弥散开来。

这个星期回家,意外地碰到了初中的班主任,我俩站在中学大门前,班主任问起同学们的近况,我说:"大家都很好,分班了,也更努力了。"班主任满意地点点头,她说:"教现在的班时,我常常想起你们这群孩子,他们不听话不认真的时候,我会常常和他们聊起你们的事。"然后班主任指指我的肩膀说:"你们都要好好的!"那一瞬间,我的眼角有些湿润。

分别一年多了,渐渐地习惯了没有曾经的班主任和好友在身边陪伴的日子,高中的生活每天都像是上了发条一样,紧张而又忙碌,只是偶尔停下脚步,抬头看看天,天很蓝,云很白,风一吹,云团就像是会动的棉花糖,让人好想咬一口。这时,我常会想起同在一片蓝天下的"你们",在心中问一声:大家都好吗?

旭,听到我这么叫你,你又会拍我的头了吧,我想,你会装作很严肃的样子说:"要喊哥哥,没大没小!"其实,你知道吗?每个女生的生命里,都装有着这样一个男孩子,它不属于爱情,可比友谊更珍贵!看见漂亮的东西会忍不住给他看;在想哭的时候,第一个发短信给他,即使不知道哪天他会从自己的生命中慢慢淡去。在我的心中你就是这样的男孩。我希望你学习再认真一点儿,再努力一点儿,我们都是高中生了,青春没那么多时间可以浪费。

红,你是我们几个当中唯一住校的,除了学习还要自己照顾自己的衣食起居,是不是好辛苦?我知道我是你最知心的朋友,初中的时候我们几乎形影不离,甚至连差点误闯男厕这种糗事都能做得一模一样,也许我们上辈子就是好姐妹,今生约定,也要做一辈子的好朋友。天渐渐凉了,床头我送你的小熊可是监督着你哦,要好好照顾自己。

阳,Happy birthday!今年的生日,有我甜蜜蜜的蛋糕,有白得可爱的大头兔子,有丹从远道邮来的信和《牧羊人之旅》,是不是感觉到了幸福的味道?你总说自己一个人很孤单很寂寞,但我们现在都各散天涯,谁不是孤单单的一个人,只要心不孤单就行了,虽然不能像以前一样天天在一起,但心里还装着彼此,我们就不孤单。

雨,你知道吗?我很喜欢你的名字,简单却让人感到诗一般的意味。以前你总说我画画很好看,但却没想到你突然就决定学美术,其实好羡慕你就这样为自己要走的路做好决定,而我却一直踌躇未定,所以,雨,你也是带着我的梦想上路,请你好好努力,我会在你身后给你无尽的祝福。

还有苦,还有丹,还有你们大家,我们已在路上,各自奔向自己的未来,无论以后还会发生什么,我们都要坚持。

我们校园的红色的香樟叶很好看,今年元旦,你们每人都将会收到一片这样红叶,我会在上面写上一句话:"我们都要好好的。"

修改后的作文较之原作,首尾呼应,内容充实,多了一些细节描写,情感更加细腻,语言也得到改观,值得一提的是运用了情景性的描写,将作者的"现在"与"过去"融为一体。应该说,学生通过修改已经完成一篇从"原色"习作到"本色"作文的转变。

有人说,作文就等于说话。这句话不够准确,因为写作毕竟是一种高级的思维活动和情感活动,是一种特殊的交流方式。同样,作文的"原色",也不能等同于作文的"本色"。从现实情况看,学生在写作中那种不顾表达内容、不考虑写作形式、随意性强的作文屡见不鲜。如果教师不能及时地加以指导,任其而为,提高学生的作文水平势必成为一句空话。立足本色,返璞归真,正本清源,积极引导学生挖掘人的真、普、美,用心灵和真情实感去写文章,还学生心目中对事物最本色的认识,是语文教师首要之责。其次,教师需要让学生学会展示生命的"本色",让学生在现实的生命中去观察、感悟、再现、表现、创造,要鼓励学生大胆地写,有个性地写,写出真我,写出真爱,流露真情,捕捉真意,写出生命的真实,实现习作过程与生命活动过程的和谐统一。再次,教给学生必要的写作技巧,遵循写作的规律,还以表达的本色。总之,还"原色"作文为"本色"作文的过程,就是指导学生学会写作的过程,这个过程具有"唤醒"功能,是实现学生从"厌写"到"乐写"、从"不会写"到"会写"的必要过渡。

通过个案研究,我们发现个性飞扬的习作无一不体现着学生个体较为丰富的生活经历、相对深刻的主见、独有的丰富情感。一花一世界,一叶一菩提,人都是有个体差异的,每个人都有自己的舞台,每个学生都是一个独立的个体。

他们都有自己的亲身经历、所见所闻、认识感受、独特想象。我们在习作指导中,要注重开拓学生的思路,教给学生将"原色"习作变成"本色"作文的本领,让学生把珍藏在自己心灵深处与众不同的东西表达出来。因为,只有独特的、个体的,才是灵动的、鲜活的。

导之以趣，读之以法

——"名著《谈美》导读"教学设计

【教学设想】

"美"，学生有所了解；"美学"，学生可能知之甚少。《谈美》作为一部重要的美学著作，因其深入浅出，引人入胜，是普及美学知识的好读物。

本教学设计，立足于"导"，注重于"趣"，旨在引导学生"读"，并读之以法。其中的"趣"，既指《谈美》著作中有趣的例子，也指学生对生活中因解释不清的美学现象而产生的阅读欲望。其中的"法"指在导读的过程中，由教师示范、学生归纳并学会运用的读书方法，如"做摘要""作批注""制卡片""写心得"等。

其教学的总体思路是：(1)《谈美》写什么，整体把握，明确主要观点；(2)为什么要读它，谈意义，勾起阅读期待；(3)怎样去读，学会运用阅读方法。

【教学目标】

1. 了解《谈美》的写作背景，整体把握该书中主要的美学观点。

2. 通过书中的例子，引导学生体会阅读这本美学著作的意义，激发学生阅读的兴趣。

3. 给予学生以读书方法上的指导。

【教学重难点】

激发学生阅读《谈美》的兴趣。

【教学时数】

1课时。

【教具准备】

多媒体课件。

【教学过程】

一、教学导入

多媒体显示:"犀利哥"图片(同时播放《犀利哥之歌》)。

提问:试从审美的角度谈谈你对"犀利哥"现象的看法。(说明:"犀利哥",网络上的红人,学生知道得不少。此问题容易引起学生兴趣,网上有许多关于他的与"美"相关的话题,此环节是课前热身,激发学生对美及美学的兴趣,也为课中导读之后的讨论埋下伏笔。)

爱美之心,人皆有之;爱美之人,古已有之。"美"是一个古老的话题,而"美学"在中国,却是一个年轻的学科,作为中国现代美学的开创者——朱光潜,他毕生编译了众多的美学著作。这节课,我们将对《谈美》这部深入浅出、引人入胜的美学著作进行导读。

多媒体显示:"美",朱光潜简介,《谈美》。

朱光潜(1897—1986),安徽桐城人。中国现代美学的开拓者和奠基人,他把生命的大部分时光都贡献给了中国美学事业,晚年时被尊称为"美学老人"。

他主要编著的作品有《文艺心理学》《悲剧心理学》《谈美》《诗论》《谈文学》《克罗齐哲学述评》《西方美学史》《美学批判论文集》《谈美书简》《美学拾穗集》等,翻译的作品有《歌德谈话录》、柏拉图的《文艺对话集》、莱辛的《拉奥孔》、黑格尔的《美学》、克罗齐的《美学》、维柯的《新科学》等。

二、整体把握,明确主要观点

1. 提问:《谈美》是一本什么样的书? 教材中介绍了哪些美学内容?

要求:阅读教材中"名著导读"部分的"背景介绍""作品导读"。

明确:(1)《谈美》写于1932年,由开明书店出版。在此之前,朱光潜写过一本《给青年的十二封信》,在青年中反响很大,但这本书主要谈人生修养,还没有充分表现朱光潜的美学思想。于是,朱光潜以"给青年的第十三封信"为副标题,写了这本《谈美》,作为《给青年的十二封信》的姊妹篇。该书和另一本专著

《文艺心理学》有关联,也可以说是《文艺心理学》的缩写本。(2)《谈美》涉及的美感的培养,审美活动中常常遇到的现象和规律及"人生艺术化"。

2. 教师以多媒体显示"目录""摘要"及"批注"。

目录	摘要	批注
开场话	净化与美化	
第一谈 我们对于一棵古松的三种态度	实用的、科学的、美感的	关于美感的讨论
第二谈 "当局者迷,旁观者清"	艺术和实际人生的距离	
第三谈 "子非鱼,安知鱼之乐?"	宇宙的人情化	
第四谈 希腊女神的雕像和血色鲜丽的英国姑娘	美感与快感	
第五谈 "记得绿罗裙,处处怜芳草"	美感与联想	
第六谈 "灵魂在杰作中的冒险"	考证、批评与欣赏	
第七谈 "情人眼底出西施"	美与自然	进一步讨论美的本身、艺术的创造与欣赏
第八谈 "依样画葫芦"	写实主义与理想主义的错误	
第九谈 "大人者不失其赤子之心"	艺术与游戏	
第十谈 空中楼阁	创造的想象	
第十一谈 "超以象外,得其环中"	创造与情感	
第十二谈 "从心所欲,不逾矩"	创造与格律	
第十三谈 "不似则失其所以为诗,似则失其所以为我"	创造与模仿	
第十四谈 "读书破万卷,下笔如有神"	天才与灵感	
第十五谈 "慢慢走,欣赏啊!"	人生的艺术化	讨论艺术和人生的关系

3. 师生互动,明确本文主要观点。

师生通过对话,共同明确(板书):

美感　　　　审美活动　　　　人生与艺术

4. 师生共同小结本环节的读书方法:读书可先浏览目录,在读的过程中做些批注,读完某章某节后,将其要点做些摘录。

三、讨论探究,明确阅读意义

有一位高一新生这样描述她对名著的感觉:"名著都是一座座冰山——藏

在水下的是八分之七,露出的是八分之一……"老师认为,如果我们不去读名
著,岂不是连那八分之一都茫然无知了吗?

有人说,生活中不缺乏美,缺乏的是发现美的眼睛。而老师则认为,发现
美,需要培养一种美感,历练出一种审美的眼光。阅读《谈美》,将会让我们获得
这种美感和审美的眼光。

下面是老师从《谈美》这本书中摘录的内容片段和例子,制成了卡片("卡
片"内容大致囊括了《谈美》中主要美学观点),供同学们阅读、讨论。

(一)出示卡片

1. 出示卡片1(多媒体显示,下同)。

> 想来想去,我决定来和你谈美。
>
> 谈美! 这话太突如其来了! 在这个危急存亡的年头,我还有心肝来
> "谈风月"么? 是的,我现在谈美,正因为时机实在是太紧迫了。朋友,你知
> 道,我是一个旧时代的人,流落在这纷纭扰攘的新时代里面,虽然也出过一
> 番力来领略新时代的思想和情趣,仍然不免抱有许多旧时代的信仰。我坚
> 信中国社会闹得如此之糟,不完全是制度问题,是大半由于人心太坏。我
> 坚信情感比理智重要,要洗刷人心,并非几句道德家言所可了事,一定要从
> "怡情养性"做起,一定要于饱食暖衣、高官厚禄等等之外,别有较高尚、较
> 纯洁的企求。要求人心净化,先要求人生美化。(节选自朱光潜《谈美》"开
> 场话")

提问:哪句话能表现"谈美"的必要?
师生对话后明确:要求人心净化,先要求人生美化。
2. 出示卡片2。

> 许多轰轰烈烈的英雄和美人都过去了,许多轰轰烈烈的成功和失败也
> 都过去了,只有艺术作品真正是不朽的。数千年前的《采采卷耳》和《孔雀
> 东南飞》的作者还能在我们心里点燃很强烈的火焰,虽然在当时他们不过
> 是大皇帝脚下的不知名的小百姓。秦始皇并吞六国,统一车书,曹孟德带
> 八十万人马下江东,舳舻千里,旌旗蔽空,这些惊心动魄的成败对于你有什

么意义? 对于我有什么意义? ……悠悠的过去只是一片漆黑的天空,我们所以还能认识出来这漆黑的天空者,全赖思想家和艺术家所散布的几点星光。朋友,让我们珍重这几点星光! 让我们也努力散布几点星光去照耀那和过去一般漆黑的未来!

提问:这段话中最关键的一句是哪句? 你怎么理解?

师生对话后明确:"只有艺术作品真正是不朽的"。

美是事物的最有价值的一面,美感的经验是人生中最有价值的一面。

3. 出示卡片3。

　　(1)钱塘苏小是乡亲

　　(2)一个乡下人看戏,看见演曹操的角色扮老奸巨猾的样子惟妙惟肖,不觉义愤填胸,提刀跳上舞台,把他杀了。

教师指出:"钱塘苏小是乡亲"是明代袁子才刻的一方印。

教师先让学生读一读,要读出自豪、亲切的口吻,然后发问:"钱塘苏小究竟是怎样一个伟人?"待学生胃口吊足,指出:"她原来不过是南朝的一个歌妓,当时谁肯攀她做乡亲呢?"南朝与明代,相距久远,朱光潜先生在书中写道:"好比经过一些年代的老酒,已失去它原来的辣性,只留下纯淡的滋味。"

"老奸巨猾"的曹操在生活中是丑的,演员演得"惟妙惟肖"却是一种艺术的美。"乡下人"的错误是将生活与艺术混为一谈了。

师生对话后明确:艺术和实际人生有一定距离。

4. 出示卡片4。

　　感时花溅泪,恨别鸟惊心。

　　发生在幼儿园的故事(说明:一教师让家长将教室里最漂亮的男孩领来,家长毫不犹豫领来自己的孩子。)

师生对话后明确:移情作用。

移情作用不一定就是美感经验,而美感经验却常含移情作用。

5. 出示卡片5。

"我从来没有看见过一座希腊女神雕像,有一位血色鲜丽的英国姑娘的一半美。"

——英国19世纪学者罗斯金

史湘云　　薛宝钗　　林黛玉(说明:在大学生中开展的关于此三人更喜欢谁做妻子的讨论,结果是史湘云得票最高,薛宝钗次之,林黛玉票数最少。)

师生对话后明确:罗斯金的错误在于把英国姑娘的引诱性做"美"的标准,去测量艺术作品。艺术对实际人生没有引诱性,因此,比不上血色鲜丽的英国姑娘。其实,英国姑娘的"美"和希腊女神雕像的"美"显然是两件事,一个是只引起快感,一个是只引起美感。

美感与快感的区别在于:美感与实用活动无关,快感则缘于实际要求的满足。

6. 出示卡片6。

陶渊明不肯为五斗米向乡里小儿折腰。

苏格拉底下狱不肯脱逃,临刑前还叮咛嘱咐还邻人一只鸡的债。

曾子临死前记得床上的席子是季路的,一定叫门人换过才瞑目。

董狐宁愿断头不肯掩盖史实。

夷齐饿死不愿降周。

孟敏堕甑,不顾而去,郭林宗见到以为奇怪。他说:"甑已碎,顾之何益?"

哲学家斯宾诺莎宁愿靠磨镜过活,不愿当大学教授,怕妨碍他的自由。

王徽之居山阴,有一天夜雪初霁,月色清朗,忽然想起他的朋友戴逵,便乘小舟去剡溪访他,刚到门口便把船划回去。他说:"乘兴而来,兴尽而返。"

师生对话后明确:严肃认真—看重—执着,豁达—看轻—摆脱。

人生本来就是一种广义的艺术,每个人的生命史就是他自己的作品。知道生活的人就是艺术家,他的生活就是艺术作品。

(二)讨论

根据以上的导读,讨论:

1. 你现在是如何认识"犀利哥"现象的。

2. 谈谈你对美的感受。

板书:

培养美感　学会审美　人生艺术化

四、总结读书方法

板书:

作摘要　作批注　制卡片　写心得

五、课堂小结

阿尔卑斯山谷中有一条大路,两旁景物极美,路上插着一个标语牌劝告游人:"慢慢走,欣赏啊!"许多人在这车如流水马如龙的世界过活,恰如在阿尔卑斯山谷中乘汽车兜风,匆匆忙忙地急驰而过,无暇回首流连风景,于是这丰富华丽的世界便成为一个了无生趣的囚牢。这是一件多么令人惋惜的事啊!

朋友,在告别之前,我借用阿尔卑斯山路上的标语,在中国人告别习用语之后加上三个字奉赠:

"慢慢走,欣赏啊!"

六、布置作业

课外阅读朱光潜的《谈美》。

附:板书设计

谈美　朱光潜

美感　　　　培养美感　　　　作摘要

审美活动　　学会审美　　　　作批注

人生与艺术　人生艺术化　　　制卡片、写心得

（此教学设计发表于《中学课程辅导·教师通讯》2010年第10期，有改动）

古今奸雄中第一奇人

——《曹操献刀》教学设计

【教学设想】

《曹操献刀》是选修教材《中国小说欣赏》的首篇。对于很多教师而言,对选修课的困惑,主要不是概念上的问题,而是难以找到一套可操作的课型。作为选修文本,可采用每节课突出一个鉴赏重点的方法。本教学设计拟将毛宗岗评曹操是"古今奸雄中第一奇人"作为教学专题,引导学生研读,重点引导学生多角度分析鉴赏小说中曹操这一人物形象,理解其性格的多元化,让学生感受历史演义小说《三国演义》的艺术魅力,进而产生阅读全书的欲望。

【教学目标】

1. 初步了解《三国演义》。
2. 梳理情节,概括每部分内容。
3. 学会多角度分析鉴赏曹操的形象,理解其性格的多元化。

【教学重点】

在梳理情节的基础上,研读、鉴赏"古今奸雄中第一奇人"曹操的形象。

【教学难点】

人物性格的多元化,人物形象的辩证分析。

【教学时数】

1课时。

【教学过程】

一、导入

（一）多媒体显示

电视剧《三国演义》片头曲：

　　滚滚长江东逝水,浪花淘尽英雄。是非成败转头空,青山依旧在,几度夕阳红。　　白发渔樵江渚上,惯看秋月春风。一壶浊酒喜相逢,古今多少事,都付笑谈中。

（二）讨论

1. 学生朗诵这首词,谈谈内心的感受。

2. 老师谈话：

"滚滚长江东逝水,浪花淘尽英雄。"历史的长河,如大江奔流;弄潮的英雄,被浪花淘尽。历史不是小说,小说却可以艺术地再现历史。今天,我们将撷取历史演义小说《三国演义》中的一朵浪花——《曹操献刀》,走进三国的历史,初步认识曹操的形象,感受这部小说的不朽魅力。

二、简介《三国演义》和作者罗贯中

多媒体显示：

　　《三国演义》,全名《三国志通俗演义》,是我国第一部完整的章回体历史演义小说。全书一百二十回。自"第一回 宴桃园豪杰三结义 斩黄巾英雄首立功"起,至"第一百二十回 荐杜预老将献新谋 降孙皓三分归一统"终,描写了汉末三国时期各个社会集团间政治、军事、外交斗争的场面。

　　本课节选的是《三国演义》第四回的第二部分。

　　罗贯中,名本,别号湖海散人,元末明初的著名小说家、剧作家。

三、梳理情节,概括每一部分内容

1.用简洁的语言概括小说节选的主要内容。

曹操借刀——曹操献刀——路遇陈宫——错杀伯奢

2.依照回目的形式概括部分内容。

教师出示一例,学生仿写交流。

出示(多媒体显示):

> 王允旧臣哭社稷　曹操奇谋借宝刀

学生交流后,教师展示(多媒体显示):

> 孟德献刀遇弑贼　李儒献计操脱身
> 识谎言陈宫擒曹　仰奇志二人携手
> 访伯奢孟德起疑　杀无辜陈宫识操

3.思考并讨论:课文节选名为《曹操献刀》,你觉得概括周全吗? 说说理由。

四、人物形象的重点研读、鉴赏

1.深入研读,讨论下列问题:

(1)清代文学评论家毛宗岗在《读三国志法》中称曹操"是古今奸雄中第一奇人",曹操究竟"奇"在何处呢?

要求:研读课文,加以归纳、分析、概括,并讨论。

明确:奇谋,奇行,奇言,奇思,奇志。

雄:有大志,识大义,谋大略,勇猛有胆识。

奸:狡诈,多疑,残忍,自私。

(2)多媒体显示三则材料,让学生进一步体味"奸雄中第一奇人"曹操之"奇":

> 材料一:操幼时,好游猎,喜歌舞,有权谋,多机变。操有叔父,见操游荡无度,尝怒之,言于曹嵩。嵩责操。操忽心生一计,见叔父来,诈倒于地,

作中风之状。叔父惊告嵩,嵩急视之。操故无恙。嵩曰:"叔言汝中风,今已愈乎?"操曰:"儿自来无此病,因失爱于叔父,故见罔耳。"嵩信其言。后叔父但言操过,嵩并不听。因此,操得恣意放荡。……年二十,举孝廉,为郎,除洛阳北部尉。初到任,即设五色棒十余条于县之四门,有犯禁者,不避豪强,皆责之。中常侍蹇硕之叔,提刀夜行,操巡夜拿住,就棒责之。由是,内外莫敢犯者,威名颇震。(《三国演义》第一回)

材料二:操获全胜,将所得金宝缎匹,给赏军士。于图书中检出书信一束,皆许都及军中诸人与绍暗通之书。左右曰:"可逐一点对姓名,收而杀之。"操曰:"当绍之强,孤亦不能自保,况他人乎?"遂命尽焚之,更不再问。(《三国演义》第三十回)

材料三:操恐人暗中谋害己身,常吩咐左右:"吾梦中好杀人;凡吾睡着,汝等切勿近前。"一日,昼寝帐中,落被于地,一近侍慌取覆盖。操跃起拔剑斩之,复上床睡;半晌而起,佯惊问:"何人杀吾近侍?"众以实对。操痛哭,命厚葬之。人皆以为操果梦中杀人,唯修知其意,临葬时指而叹曰:"丞相非在梦中,君乃在梦中耳!"(《三国演义》第七十二回)

(3)考查:说说"青梅煮酒论英雄""望梅止渴"分别"奇"在何处?

2. 作探究。

多媒体显示:

对曹操"宁教我负天下人,休教天下人负我"之语,毛宗岗评论:"读书者至此,无不诟之、詈之,争欲杀之矣。不知此犹孟德之过人处也。试问天下人,谁不有此心者,谁复开此口乎? 至于讲道学诸公,且反其语曰:'宁使人负我,休教我负人。'非不说得好听,然察其行事,却是步步私学孟德二语者,则孟德犹不失心口如一之人;而此曹之口是心非,而不如孟德之直捷痛快也。吾故曰:此犹孟德之过人处也。"易中天教授评价说:"他是'真小人',不是'伪君子'。"

请对曹操的话及毛、易二人的点评进行评析。

五、课堂小结

经典小说《三国演义》是一条长河,《曹操献刀》则是这条长河中的一朵浪花,撷取它,赏玩它,我们初步领略了经典的不朽魅力,初步感受了一个性格复杂多样的艺术形象——曹操。但这远远不够,关于曹操,《三国演义》中还有许多精彩的描述,让我们走进《三国演义》,让栩栩如生的曹操更全面,更丰满,更生动。同时会有更多的"英雄"在历史演义中再现,在我们的心中浮现。

六、布置作业

以《说说曹操》为题,写一篇作文。

附:板书设计

曹操献刀

曹操借刀　曹操献刀　路遇陈宫　错杀伯奢

"奸雄中第一奇人":奇行 奇谋 奇言 奇思 奇志

雄:有大志,识大义,谋大略,勇猛有胆识

奸:狡诈,多疑,残忍,自私

《论"入迷"》教学设计

【教学设想】

这是一节论述文阅读公开课,阅读文本《论"入迷"》源自高一《语文读本》。由于是异校借班上课,教师面对的是陌生的学生,学生面对的是陌生的教学文本,可学生在议论文阅读与写作中显露出来的一些特点想必是有共性的。学生虽然在初中学过一些议论文,但对议论文有关知识仍需及时复习与补充,并且要学会通过阅读加以巩固,力图在阅读的过程中通过师生对话,总结一些阅读的规律和特点。在发现观点与材料之间联系的基础上,学生会多角度地思考,做出自己的判断,并能表明自己的观点,给予自圆其说的表达。

【教学目的】

1. 回顾与复习议论文有关知识,学会运用这些知识进行议论文阅读。

2. 探究并总结议论文阅读的学习方法。

3. 明确作者的观点及与材料的关系,会做出自己的思考与判断,培养思辨能力。

【教学重点】

1. 引导学生运用议论文知识阅读教学文本《论"入迷"》,并总结出一些阅读方法。

2. 明确作者观点,能做出自己的思考与判断。

3. 借助阅读具体掌握一些议论文表达的特点和规律,总结归纳一些阅读方法。

【教学时数】

1课时。

【教学过程】

一、导入

1.多媒体显示：

《中国科举制度的影响》(2010年高考题)。

2.学生快速浏览后,教师提问:本文是什么体裁?

二、回顾、复习、补充论述文有关知识

方式:师生对话,先让学生回顾并回答,教师补充。
多媒体显示:

1. 论述类文本指的是摆事实、讲道理的文章,因为它主要采取议论的表达方式,所以我们通常称之为议论文。

就内容而言,可分为两大类:一类是科学研究论文,包括社会科学论文和自然科学论文;一类是事理论文。

2. 论述文三要素:论点、论据、论证。

3. 论点是作者对议论问题的见解和主张。读论述文弄清论点是必需的。

4. 论据是证明论点的材料,有"事实论据""道理论据"两种类型。

5. 论证是运用论据证明论点的过程,方法有:举例论证、道理论证、对比论证、比喻论证、归谬论证。

6. 议论文基本结构:提出问题(引论)——分析问题(本论)——解决问题(结论)。

常采用"纵式"(逐层深入的论述结构)、"横式"(并列展开的论述结构)两种方式。

三、研读《论"入迷"》

1. 研读文本,学会抓论点。

(1)点题,提问:论述文标题有"论点式"和"论题式"两种,本文属于哪种?

(2)何谓"入迷"?

快速阅读《论"入迷"》,标出自然段序号,说说本文的中心论点。(板书:论点——人与文学的关系,"入迷"是必要的)

(3)讨论:中心论点在论述文中的位置。

2. 研读,学会找论据,学习区分材料、分析、结论;明确材料与观点的关系,寻找论证的特点与规律。

(1)概括"入迷"的三个例子,说说作者为什么要举这三例?(板书:吉诃德看光家产赔上老命 香菱学诗 伧夫读《封神榜》入迷,跳窗而出)

(2)作者如何分析的? 运用何种方法?(板书:举例—分析—比较—结论)

(3)作者对此三人下了怎样的结论?(实在是伟大;一时发昏;便是最下乘)

(4)吉诃德态度严肃吗?(明确:读书要注意细节,学会瞻前顾后。)

(5)运用已找出的论证的特点和规律,研读第6段,找出举例句、分析句与结论句。

(6)强化:第7段与第8段在举例与分析中,最突出的论证方法是什么?

3. 有关议论文结构的讨论。

讨论:本文提出一个什么问题? 如何分析的? 得出什么结论?

四、问题探究

（一）多媒体显示

1. "三国迷"的故事。

2. "演曹操"被戏迷所杀。

3. 福楼拜写《包法利夫人》大哭。

（二）问题探究

茅盾先生认为创作、表演要入迷,阅读、欣赏也要入迷。你赞同作者的观点吗? 说说你的看法。

五、课堂小结

读书入迷是一种境界,学习本文后同学们不仅要努力做到读书入迷,更要学会运用议论文表达观点。

六、布置作业

以"也论入迷"为题,写一篇论述文。

附:板书设计

论"入迷"

论据	论证	论点
吉诃德看光家产赔上老命	举例—分析—比较—结论	人与文学的关系,
香菱学诗		"入迷"是必要的
伧夫读《封神榜》入迷,跳窗而出		

一首美词，一段悲情，一生归宿
——《忆秦娥·清溪咽(用太白韵)》教学设计

【教学目标】

　　1. 进行吟诵指导与训练,使学生能吟出韵味,再现形象与意境。

　　2. 研读本词,体会炼字及修辞手法的妙用,体悟作者情思。

　　3. 粗略了解李之仪的当涂情怀。

【教学重点】

　　1. 运用吟诵方法,品味词的韵味与意境。

　　2. 分析炼字等修辞方法,分析、了解词中蕴涵的作者情感。

【教学方法】

　　吟诵法、讨论法。

【教学时数】

　　1课时。

【教学过程】

一、导入

以"李之仪初来当涂的遭遇和对当涂怨恨的情感"导入,设置悬念。

二、本词相关知识简介

1. 作者简介。

2. "凌歊台"简介。

3. 词及词牌名"忆秦娥"简介。

4. "用太白韵"的含义。

三、吟诵

指导、训练要点：

1. 韵脚、平仄、节奏、轻重、缓急、语气、情感……

2. 运用联想与想象再现词的形象与意境，吟诵出情感。

四、研读

讨论：说说本词诵读后的感受。

重点分析：炼字及其他修辞手法的妙用，词中蕴涵的作者情思。

五、拓展

引入：李之仪《卜算子·我住长江头》

释疑：一个女人，一段佳话；生游当涂，死葬当涂，完成了"恨——爱"的蜕变。

六、课堂小结

同学们，这节课我们通过学习李之仪的《忆秦娥·清溪咽（用太白韵）》，感受并了解了诗人的情思，让我们课外阅读更多他的诗，进一步了解我们的家乡诗人。

七、布置作业

1. 背诵《忆秦娥·清溪咽（用太白韵）》。

2. 网上搜寻并阅读李之仪其他当涂诗词。

附：板书设计

忆秦娥·清溪咽（用太白韵）　　李之仪

吟：读出韵味、再现形象、力显情感

研：炼字（咽、洗）

情感：悲苦迷惘、失意苦闷

引：恨——爱

《奇妙的对联》教学设计

【教学目标】

1. 学习、欣赏名联,体味对联的"奇妙",激发学生学习对联的兴趣。

2. 积累对联有关知识,重点了解对联特征、对句要领。

3. 尝试对对联。

【教学设想】

1. 奇妙的对联,重在"奇妙"二字,教师要通过引领学生欣赏一些名联,体味汉字的奇妙、对联的奇妙,激发学生学习对联的兴趣。

2. 对联有其特点和要领,要在欣赏过程中使学生了解并掌握。

3. 要让学生能运用所学对联常识,尝试创作对联。

【教学时数】

1课时。

【教学过程】

一、教学导入

以"明朝解缙巧对对联"的故事导入。

二、进行名对联欣赏(PPT显示)

1. 顾宪成题无锡东林书院联:

风声雨声读书声声声入耳,家事国事天下事事事关心。

2. 采石矶太白楼联:

千古诗才,蓬莱文章建安骨;一身傲骨,青莲居士谪仙人。

3. 苏州寒山寺联:

江枫渔火,胜地重来,与国清寺并起宗风,依旧钟声闻夜半;木屐桦冠,仰天狂笑,有寒山集独参妙谛,长留诗句在吴中。

明确:在此环节重点让学生体味这些对联在语言运用和内容上的奇妙之处,同时,也学习了解对联的一些基本特征。

三、介绍对联的一些基本常识

1. 对联的四个基本要素:字数相等,内容相关,词性相当,平仄相谐(仄起平收)。

2. 关于对联的具体分类(PPT 显示)

《中国对联大辞典》把对联分为:白话联、文言联、短联、一字联、长联、名胜联、胜迹联、山水联、庙联、祠联、寺观联、庭宇联、廨宇联、衙署联、试院联、会馆联、学校联、戏台联、居室联、喜联、贺联、节日联、春联、婚联、寿联、祝联、自寿联、挽联、他挽联、自挽联、墓联、岁时联、干支联、元旦联、元宵联、端午联、七夕联、中秋联、重阳联、故事联、本事联、谐趣联、题赠联、格言联、行业联、商业联、杂题联、一般联、御题联、御联、应制联、时事联、文艺联、谜联、节气联、迎春联、述事联、抒情联、状景联、哲理联、评论联、装饰联、交际联、宣传联、会场联、广告联、游戏联、巧妙联、通用联、专用联等。

3. 书写与张贴传统习惯。

4. 作对联要特别注意对仗、平仄。

明确:创作对联"字数相等""内容相关""用字不重"是基本要素,"词性相当""结构相应"是语法要素,"平仄相谐"是声律要素。

四、课堂小练

1. 请根据上联写出下联:

①冬去山明水秀,＿＿＿＿＿＿(示例:春来鸟语花香)

②扫千年旧习,＿＿＿＿＿(示例:树一代新风)

2. 请将下列诗句用连线连接起来。

春山一路鸟空啼　　　　日暖神州万木荣

锦江春色来天地　　　　芳树无人花自落

春晖又红万朵花　　　　老梅到时自然红

芳草春来依旧绿　　　　玉垒浮云变古今

春回大地千峰秀　　　　冬雪欲白千里草

五、课堂小结

同学们,这节课我们学习并进一步了解了对联,学习是为了运用,希望大家在生活中能正确运用对联。

六、布置作业

现提供当涂县三处胜景作为上联,请对出下联。

黄山塔凌云塔金柱塔昔为姑孰胜景,_____。

(示例:姑孰镇太白镇黄池镇今是当涂名镇)

附:板书设计

奇妙的对联

对联特征、对句要领 { 字数相同,词性相当 / 结构相应,内容相关 / 用字不重,仄起平收

《庖丁解牛》说课

【说教材】

《庖丁解牛》选自高中语文选修教材《中国古代诗歌散文欣赏》第四单元,该单元的专题为"创造形象,诗文有别"。选修课是必修课基础上的拓展和提高,侧重应用,着眼鉴赏,强调探究,旨在提高语文素养。放开思路、发展个性、主动学习是其特点。古代散文鉴赏有三个专题,分别从散文的形象性,散文形散神聚的逻辑性、抒情性,散文形式的灵活性、趣味性等三个维度进行鉴赏能力的培养。就单元结构安排而言,"赏析指导"重在知识介绍、思路点拨、方法指导;"赏析示例"提供具体范例,以供借鉴;"自主赏析"是知识、方法的具体运用,用来培养和提高鉴赏能力。

《庖丁解牛》属自主赏析的篇目,篇幅短小、形象性强、寓意深刻,适合学生自主学习、合作探究。学生经过高中阶段五个必修模块的学习,已有一定的文言基础,因此,安排学生课前自主阅读与课堂检测,以夯实文言基础,有利于培养学生自主学习的习惯。根据课文通过对事件的生动描述揭示事理的特点和单元要求,确定将本文语言、举例、情感上的形象性作为赏析的重点,将寓意的个性化解读、辩证评价作为教学的难点。在课堂上尊重学生的选择,师生共同确定教学目标。通过课堂学生自主学习、展示与检测、合作探究、对话交流,辅以教师点拨的形式,实现教学目标。

【说教法】

根据以学定教、以学为主的教学原则,采用自主学习与课堂检测反馈相结合的方法,如通过朗读检测学生对生字、多音字、通假字的掌握,根据学生断句、语感来判定学生对课文的理解,通过复述课文内容了解学生预习及对课文理解的程度。在检测中,运用多媒体教具,节省时间,提高课堂教学效率。

根据教学内容,确定用一个课时。

【说学法】

自主、合作、探究。

自读法,通过课前自读,养成学生利用课文注释、工具书、相关资料独立阅读的习惯,进行圈划批注的习惯,善于思考、发现问题、置疑的习惯。

讨论法,学生通过小组合作交流,激发自我学习状态,培养合作精神,增强人际沟通能力。通过小组展示、学生评价,可起到相互激励、共同提高的作用,将充分突出学生的主体性,激发课堂活力,使课堂成为人人参与、思维碰撞、共同成长的场所。

【说教学过程】

课前布置学生预习,并提出明确具体的要求。

课堂教学安排六个教学环节。

1. "谈话、导入",重在激趣。与课文相关成语的发现有助于调动课堂气氛,鼓励学生发现问题。"目无全牛"经常由于不解出处,望文生义,将褒义作贬义用,能激起学生深读课文的欲望,自然点题。师生共同确定教学目标,旨在尊重学生的思考,鼓励学生参与课堂教学的积极性。

2. 自主学习与检测,读通课文。遵循循序渐进的原则,通过朗读课文—学生置疑—复述课文,检查学生预习情况,进一步了解学生对课文的理解、掌握程度,在纠错过程中,解决、积累文言基础知识。

3. 深入学习,从形象性入手赏析课文,读懂课文。此环节是教学的重点,也是单元教学的要求。

(1)语言的形象性可见于课文第一段,绘形、摹声,形象可感,技艺娴熟让人顿生艺术美感,自然生成问题:庖丁所达到的境界,仅仅是技艺娴熟的表现吗?

(2)举例的形象性可见于第三段,本段是全文的重点,既说明了上文所述庖丁技艺高超的原因,又点明了庖丁超乎常人之处:"臣之所好者道也"。通过解牛的三个阶段,以及良庖、族庖与自己的比较,暗含"无道"与"有道"的对比,强调了"道"的重要。"虽然,每至于族,吾见其难为,怵然为戒,视为止,行为迟。动刀甚微,谍然已解,如土委地。"说明做事谨慎、尊重规律同样重要。

这些例子,形象地表达了"解牛之道",也喻示着"养生之道"。

通过对"形象性的举例"的赏析,既了解了文章的层次,又熟悉了课文的内容,还有助于对本文的表现手法和寓意的了解,可谓牵住了"牛鼻"。

(3)情感的形象性。"提刀而立,为之四顾,为之踌躇满志,善刀而藏之。"人物的动作、神态,人物小心谨慎战胜困难之后的悠然自得之态、心满意足之情可感可见。细细揣摩这些语句,自会有所喜爱,有所思考。

让学生读一读,小组议一议,全班评一评,教师点一点,让学习过程成为思考的过程、交流的过程、提高的过程。

4. 合作探究,理解寓意,个性化解读,辩证评价。

这个环节,围绕如下问题,进行小组合作探究:

(1)庖丁为什么能达到解牛的至高境界呢?

(2)文惠君从庖丁的"解牛之道"领悟出"养生之道",结合自己的体验,谈谈你读后的启示。

这些问题的生成,来自课文,是对课文深刻寓意的理解,为个性化解读、辩证评价提供了契机。小组讨论可起到相互启发、拓宽思路之效,小组展示、全班评价,可进行思维碰撞、思想交锋。不拘泥于"养生之道"的理解,可从多角度、多方面甚至相反的方面理解与辩证评价,深化对课文的理解,培养学生善于思考、独立思考的习惯。

5. 课堂评价小结,可让学生谈谈学习本文的方法、学习的收获、学习的感悟。从方法上理解"欣赏散文从抓住形象入手",重在精神的充实、情感的丰富、人格的提升。顾及"自主赏析"课文特点,让每个教学环节都能成为学生提高语言素养的平台。

6. 布置作业。让学生重读学过的课文《逍遥游》,从形象性的角度要求,既巩固课堂成果,也有助于提高写作水平。

【说教学理念】

学生学到的才是真正有价值的,课堂教学的过程比目的更重要。自主、合作、探究,是新课标对语文教学的要求,是充分调动学生学习的主动性,突出学生主体地位,培养听、说、读、写能力,提高语文素养的重要手段与途径。

奇文共欣赏，疑义相与析

——《庖丁解牛》教学设计

【教学设想】

《庖丁解牛》选自高中语文选修教材《中国古代诗歌散文欣赏》第四单元，该单元的专题为"创造形象，诗文有别"。本文篇幅短小、形象性强、寓意深刻，适合学生自主学习、合作探究。学生经过高中阶段五个必修模块的学习，已有一定的文言基础，因此，安排学生课前自主阅读与课堂检测，以夯实文言基础，并确定将本文语言、举例、情感上的形象性作为赏析的重点，将寓意的个性化解读、辩证评价作为教学的难点，通过课堂对话交流辅以教师点拨的形式，实现教学目标。

【教学目标】

1. 通过自读、检测，积累文言知识。
2. 通过自主学习、合作探究，赏析本文语言、举例、情感的形象性。
3. 个性化解读本文的寓意，并学会辩证评价。

【教学重难点】

1. 从语言、举例、情感的形象性入手赏析课文。
2. 理解本文寓意，并作个性化解读和辩证评价。

【教学时数】

1课时。

【教学过程】

课前准备：学生自主阅读，结合课文注释疏通文义，初步理解课文，圈划出疑难问题。

一、谈话、导入

1. 提问：本文有哪些词句后来演变成成语，请说说看。

2. 在明确目无全牛、游刃有余，踌躇满志、切中肯綮、庖丁解牛等成语后，提问："目无全牛"的意思。

多媒体显示：

> 目无全牛：一个杀牛的人最初杀牛，眼睛看见的是整个的牛(全牛)，三年以后，技术纯熟了，动刀时只看到皮骨间隙，而看不到全牛(见于《庄子·养生主》)。用来形容技艺已达到十分纯熟的地步。(摘自《现代汉语词典》)

3. 点题后，师生共同确定教学目标，并显示教学目标。

二、自主阅读与检测，读通课文

1. 朗读课文。

(1)检测生字、多音字、通假字读音。

(2)依据断句、语气，判断学生对课文的理解。

2. 学生提出疑难问题，教师点拨。

3. 学生复述课文大意。

三、深入学习，从形象性入手赏析课文，读懂课文

本文可看作寓意深刻的散文，通过生动的描述揭示事理。

提问：

《庖丁解牛》的形象性很强，结合单元"赏析指导"，说说你赏析的角度。

明确"语言的形象性、举例的形象性、情感的形象性"几个赏析角度后，学生自主阅读，小组合作讨论，形成小组意见后，选派代表展示小组讨论成果。

学生讨论，并明确，然后显示：

> 1. 语言的形象性："手之所触，肩之所倚，足之所履，膝之所踦，砉然向然，奏刀騞然，莫不中音。合于《桑林》之舞，乃中《经首》之会。"

动作、声音及效果形象可感,揣摩一番,回答:庖丁所达到的境界,仅仅是技艺娴熟的表现吗?

2. 举例的形象性。

回答:

(1)庖丁解牛经历了哪几个阶段?

(2)读一读良庖、族庖、庖丁用刀及不同结果的语句。

(3)体会"虽然,每至于族,吾见其难为,怵然为戒,视为止,行为迟。动刀甚微,謋然已解,如土委地。"说说感悟。

3. 情感的形象性。

体会"提刀而立,为之四顾,为之踌躇满志,善刀而藏之。"语句中包含的人物情感。

四、合作探究,理解寓意,个性化解读,辩证评价,读深课文

围绕如下问题,小组合作探究:

1. 庖丁为什么能达到解牛的至高境界呢?

2. 文惠君从庖丁的"解牛之道"领悟出"养生之道",结合自己的体验,谈谈你读后的启示。

五、课堂评价、小结

这堂课同学们掌握了《庖丁解牛》的内容,并从中受到启示。大家如果要进一步了解此文深刻的寓意,还需读更多庄子的作品。

六、布置作业

重读必修教材《逍遥游》,从散文形象性的角度写一段赏析性文字。

附:板书设计

庖丁解牛　　庄子

形象性:语言、举例、情感……

解牛之道　养生之道……

《管仲列传》教学设计

【教学设想】

教学《管仲列传》课前有三问:选修课与必修课有区别吗?文言文教学如何处理"言"与"文"?对课文理解的层次如何定位?故安排本课教学对策有三读:

1.读通,能读准字音,正确断句,在积累文言词汇、掌握词类活用及文言句式的基础之上,正确翻译,疏通文义。

2.读懂,能理解课文内容,分析文章结构。

3.读深,能理解并分析作者在文中蕴含的思想感情,能学习和继承我国古代先贤们的举贤荐能、宽容大度、达而念旧等优秀文化传统,能学习作者选取典型材料并用叙议结合方式凸现人物品格和精神的写法。

【教学目标】

1.读通全文。积累文言词汇,侧重掌握"见……于"和"动词本身表示被动"两种被动句式,一般掌握其他词类活用及句式。

2.读懂课文。能通过分析归纳概括出管仲成功的原因。

3.课文深读。有侧重点地完成:探究作者蕴含于文中的情感;畅谈对中华优秀传统文化中达而念旧、任人唯贤等的认识感受;运用选取典型材料、叙议结合的方法进行写作训练。

【教学重点】

1.能疏通课文,积累文言知识,掌握两类被动句式。

2.能依据课文,分析并概括管仲成功的原因。

【教学时数】

1课时。

【教学过程】

一、导入

以《蜀相》、"(亮)每自比管仲、乐毅,时人莫之许也"引出课题。

二、共同商定并出示教学目标(多媒体显示)

1. 读通全文。积累文言词汇,侧重掌握"见……于"和"动词本身表示被动"两种被动句式,一般掌握其他词类活用及句式。

2. 读懂课文。能通过分析归纳概括出管仲成功的原因。

3. 课文深读。有侧重点地完成:探究作者蕴含于文中的情感;畅谈对中华优秀传统文化中达而念旧、任人唯贤等的认识感受;运用选取典型材料、叙议结合的方法进行写作训练。

三、读通课文

(一)自主学习

1. 课前预习,完成导学案。

2. 自主朗读课文,注意字音、断句、语感。

(二)合作学习

1. 1~5小组,齐读或学生个别朗读课文1~5段。

2. 6~9小组,从字音、断句、语感等方面进行评价、纠错。

要求:未担任朗读任务的同学,默读,并尝试疏通课文。

(三)答疑解惑,检测自主学习成果

1. 鼓励学生提出学习中的疑惑,并解答。

2. 运用课件出示文言方面的题目,让学生回答。

四、读懂课文

方式:小组讨论、合作探究如下问题:
联系课文,分析概括管仲从政取得极大成功的原因。

五、读深课文

深入探究如下问题:

1. 司马迁在写管仲成功尤其是写管鲍交往的经历时,似乎在探讨人物的命运究竟被什么力量决定,联系补充材料,谈谈你的理解。

2. 本篇传记篇幅不长,但管仲的生平、为人、从政却给读者留下深刻印象,这是为什么?

3. 本文在写管仲的同时,出现了鲍叔牙、齐桓公。说说你最感动的人物是谁,并谈谈理由。

六、课堂小结

同学们,经过大家的共同努力,我们了解了管仲,同时也进一步学习了叙议结合的方法,希望大家在以后的写作中能自觉运用。

七、布置作业

利用叙议结合的方法,写一个你认为值得尊敬或让你感动的人。
附:板书设计

管仲列传　司马迁

被动句:用"见……于"

直接用动词

管仲成功的原因:鲍叔牙的举荐

齐桓公的重用

个人的才能

时势的造就

《横江词六首》教学设计

【教学设想】

《横江词六首》选自当涂二中校本教材《李白李之仪当涂诗词赏析》。在进行选修教材《唐诗宋词选读》第三章"豪放飘逸的李白诗"教学时,考虑到《横江词六首》也具有明显的豪放飘逸的特点,故将其纳入本章节,在教学内容上是统一的。结合学校开展的"导、学、展、练"高效课堂教学模式,将《将进酒》作为训练反馈的内容,从而实现课外与课内的结合,课题研究内容与选修教材内容的结合。

【教学目标】

1. 了解诗中运用的修辞方法,体会李白诗运用大胆的想象与夸张而现实的豪放飘逸的特点。

2. 分析诗中作者蕴含的情感,从情感内涵去体会李白诗的豪放飘逸。

【教学时数】

1课时。

【教学过程】

一、展示"学习目标"

1. 了解诗中运用的修辞方法,体会李白诗运用大胆的想象与夸张而显示的豪放飘逸的特点。

2. 分析诗中作者蕴含的情感,从情感内涵去体会李白诗的豪放飘逸。

二、课堂学习

1. 介绍李白生活经历及其创作《横江词六首》的背景。

2. 李白诗"豪放飘逸"的特点:蔑视权贵的傲气,高标出世的洒脱,面对离情的磊落,呼酒买醉的旷达。

3. 意象:迷人的仙境,皎洁的月亮,萧萧的斑马,奔腾的黄河、长江……

4. 手法运用:奇特的想象,大胆的夸张,巧妙的拟人。

三、自主学习与展示

(一)自主学习内容

1. 大声朗读校本教材《李白李之仪当涂诗词赏析》中的《横江词六首》。

2. 逐首默读《横江词六首》,概括每首诗的主要内容。

3. 画出六首诗中运用修辞的诗句,并指出它运用了何种修辞手法,体会这些诗句的情感内涵。

(二)小组展示

1. 每一组推荐一位同学,分别诵读《横江词六首》。

2. 每一组推荐一位同学,分别概括《横江词六首》每首诗的主要内容,小组其他同学可相机补充。

3. 每一组推荐一位同学,分别找出每首诗中运用的修辞手法,并谈谈对这些诗句情感内涵的认识。

四、合作探究

《文心雕龙·物色篇》中有"随物宛转""与心徘徊",说的是诗人在写诗的时候,既是根据事物来写,又是按照心情来写;既是写外在事物,又是写内在心情。说说李白在《横江词六首》中蕴含的情感。

形式:小组讨论,形成统一意见后,推荐一位同学表达小组意见。

五、训练反馈

阅读选修教材《将进酒》,找出这首词中的修辞方法,并结合全诗的内容说说作者是如何"借悲写豪,寓悲于豪"的。

六、课堂小结

1.学生小结。

2.教师小结:《横江词六首》是一组借景写情,寓情于景的政治抒情诗,作者既是写横江,也是写生活经历和思想感情;既是写大自然,也是写自己。就诗的情调而言,情感激荡,格调高昂;手法的运用上,有奇特的想象,大胆的夸张,巧妙的拟人。本诗充分表现了诗人"豪放飘逸"的风格。

附:板书设计

横江词六首　　李白

情调:豪放飘逸

手法运用:奇特的想象,大胆的夸张,巧妙的拟人

吹尽黄沙始见金

——作文"思辨"能力升级教学设计

【教学目标】

　　1. 强化学生作文中的"思辨"意识。

　　2. 总结"思辨"的方法并进行作文"思辨"训练,促进学生思辨能力升级。

【教学重难点】

　　如何通过"思辨"让分析深刻、立意新颖。

【教学时数】

　　1课时。

【教学过程】

一、谈话

　　1. 学生谈谈作文尤其是议论文写作的感受和体会。

　　2. 指出本节课的主题:吹尽黄沙始见金——作文"思辨"能力升级。

二、进行一些内容简短的思辨能力的训练

　　1. 在进二中校门时,保安拦住了我,问了三个问题:"你是谁?""你从哪里来?""你要到哪里去?"

　　如果是你,你会怎么想?请推测一下别人的想法。(以小见大,求异思维)

　　2. 给你们上作文课,我会习惯性地说:"我接受任务比较仓促,没有做太充分的准备。"

　　你如何评价?(由表及里,缘事析理)

3.当人人都相信的时候,我们存在怀疑;当人人都怀疑的时候,我们要存在一丝相信,这才是正常的社会。——作家阿来

读过万卷书,胸中无适主。——郑板桥

为什么这么说?(比较鉴别,保持个性)

4.网上有这么一道搞笑题:求证:1元=1分。

解:1元=100分

=10分×10分

=0.1元×0.1元

=0.01元

=1分(要能抓住问题的实质)

5.苏东坡与佛印的故事:

苏轼是个大才子,佛印是个高僧,两人经常一起参禅、打坐。佛印老实,老被苏轼欺负。苏轼有时候占了便宜很高兴,回家就喜欢跟他那个才女妹妹苏小妹说。一天,两人又在一起打坐。苏轼问:"你看看我像什么啊?"佛印说:"我看你像尊佛。"苏轼听后大笑,对佛印说:"你知道我看你坐在那儿像什么? 就活像一摊牛粪。"这一次,佛印又吃了哑巴亏。苏轼回家就在苏小妹面前炫耀这件事。苏小妹冷笑一下,对哥哥说:"就你这个悟性还参禅呢,你知道参禅的人最讲究的是什么? 是见心见性,你心中有眼中就有。佛印说看你像尊佛,那说明他心中有尊佛;你说佛印像牛粪,想想你心里有什么吧!"(横看成岭侧成峰——多角度看问题)

由此,我们可以发现一些口号的滥用:

如"知识改变命运。""没有教不好的孩子,只有不好的教育。""把课堂还给学生。""天才就是百分之九十九的汗水加百分之一的灵感,但那百分之一的灵感是最重要的,甚至比那百分之九十九的汗水还重要。"

三、作文示例

2009年高考福建卷:半命题作文"这也是一种_____"。

这也是一种危机

某日,跟同学一起到某书店看书。一进门,看到满目琳琅的书堆得甚

是拥挤。上前细看,发现书有三类:一为"百家系列",二为文学名著,三为励志图书。看到这情形,同学赞道:"真好,有这么多书看啊!"而我却感到这是一种悲哀,也是一种危机!

悲哀的不是书少,也不是书贵,而是"文学"泛滥的危机! 自改革开放以来,我国经济日益繁荣,文坛也随之激活。可是,文学泛滥的现象也产生了。

如今,书店的书类和数量越来越多,但大多数的书是为了迎合一些"特殊胃口"。如"戏说历史""正说野史""皇宫艳史"等一些书籍充斥着书店。还有一些什么励志图书,在打造一些如花似雾的成功学,使人们追求不知何在的虚无缥缈的成功。更可怕的是一些所谓的"文学名著解读",用一些莫名其妙的眼光和手法把名著中的一些人物戏剧化、妖魔化,改变人们心中的名著形象,凡此种种现象,可以称之为"文学泛滥"——在名和利的驱使下产生的文化泛滥、主流缺失、精神匮乏的文坛虚假繁荣的现象。

这样一种现象不能不说是当今文坛的一种危机。因为商业利益和功名利禄的驱使,我们的作家"产量"越来越高,竞相"放卫星"。他们迎合人们的"快餐"需求和好奇心理,创作出一些没有精神,没有引导人们健康向上的品格的书籍,使文坛看似繁荣,其实荒芜!

回想古人求学做文的姿态,不禁汗颜。杜甫一叹"文章千古事,得失寸心知",所以,他的诗字字真金,首首真情。古人吟诗作赋,须"两句三年得,一吟双泪流"。更有甚者则"吟安一个字,捻断数茎须",这是何等认真、踏实、谦虚之态啊! 我想,我国古代留下如此之丰的文学瑰宝和古人的求学做文章的态度是分不开的。记得秦朝相国吕不韦有这么一个故事:他主持《吕氏春秋》修撰之时,曾将书简持于市中,能改一字者赏五十金,世人皆叹。由此可见,古人之态度如何。

面对当今的文化危机,我们只有放下身架,认真反省,好好总结,然后以求真务实之态,追求真善美,做好求实做文的工作,引领人们、社会遵从真善美,追求真善美,让社会更真、更善、更美!

走进书店时,别以为书越多越好,其实,这也是一种危机……

同学:"真好,有这么多书看啊!"——常规思维。

"我":文学泛滥的危机! ——求异思维。

思辨的过程:

1. 书多未必好,从"繁荣"的表面看到背后的危机。

2. 对现象作较准确的描述,为下面的议论提供论题。

3. 对现象产生的原因和结果进行独到的分析。

4. 以古人文学创作精神与现在的"文学"泛滥对比,揭示根源。

四、牛刀小试

报载:辽宁某乘务公司为了保证"窗口企业"文明形象,规定自己的员工在工作期间,不许与顾客发生纠纷,对顾客须做到"打不还手,骂不还口",根据员工受委屈程度,分别给予不同金额的"委屈奖",如被扇耳光奖励500元,被唾沫吐面奖励300元,被辱骂不还口,奖励50元。至今已有上百人领到了"委屈奖"。

此消息一经见报,有人大声叫好,有人不以为然。

请你根据上述材料,谈谈你的看法。

五、课堂小结

思辨,是生活中的一种能力,也要成为一种习惯,希望同学们具备这种能力和习惯,在写作中自觉地运用。

六、布置作业

作文:也谈"我没准备"。

附:板书设计

吹尽黄沙始见金

思辨

常规思维　　求异思维

分析深刻

立意新颖

高考前后 >>>

　　高考,在中国人的心中是一件了不得的大事。三十多年的高考为国家选拔出了无数的人才,这些人才已经成为实现"中国梦"的中坚力量。大道理要说,小道理也要说,作为一名普通的高中教师,面对高考心理上承受的压力是许多局外人难以想象的。每一个孩子都是家庭的希望,每一个学生都是未来的希望,来自社会、学校的压力姑且不论,光教师的自我加压,也够沉甸甸的。

　　研究高考,是一个高中教师必修的功课。

　　本章收入的三篇关于高考的研究文章,分别来自皖江五市语文教育论坛所做的报告、马鞍山市教科院安排的高考试题分析任务、高考阅卷归来的题型解析。这些高考研究文章,分别是高考之前的文言文复习、高考之中的语用题学生答题解析、高考之后的2017年高考语文全国Ⅰ卷试卷分析,也算是有点有面。至于其他高考模拟考试的试卷分析讲座或报告,有冲淡主题之嫌,弃之于本书之外。

从考纲、考题管窥文言文复习

文言文如何复习？下面试从对考纲、考题的分析谈三点陋见：(1)文言文考什么；(2)近期文言文考查在选材上的一些特点；(3)几点复习建议。

一、文言文复习,首先要关注的一个问题——文言文考什么?

其思考的依据有二：一是考纲,二是近年来的文言文的考题。

(一)先说考纲

我们不妨浏览一下2010年"考试说明"与文言文考查有关的部分。

1. 理解　B

(1)理解常见实词在文中的含义；(2)理解常见文言虚词在文中的意义和用法；(3)理解与现代汉语不同的句式和用法；(4)理解并翻译文中的句子。

2. 分析综合　C

(1)筛选文中的信息；(2)归纳内容要点,概括中心意思；(3)分析概括作者在文中的观点态度。

3. 鉴赏评价　D

这部分侧重于对古诗词的鉴赏,在文言考查时涉及的极少。

关键词：实词,虚词,句式,翻译,筛选,归纳概括,分析综合,鉴赏评价。

(二)再看考题

下面试将2009年全国各省市、2006—2009年安徽自主命题试卷中的文言文考题按考纲关键词的顺序作一罗列。

1. 实词。

表2 2009年全国各省市试卷中涉及的实词考查一览表

卷别	涉考的实词句子	实词
全国卷1	A.为政清静,不严肃肃 B.会兴辽东之役 C.所在征敛,人不堪命 D.动之军法从事	肃:恭敬 会:适逢 堪:忍受 动:招致(应为"总是,常常")
全国卷2	A.禀至行,养亲必己力 B.性闲木功,佣赁以给供养 C.日暮作毕,受直归家 D.于里中买采,然后作爨	禀:赐予(应为"天赋,禀赋") 闲:熟习 直:报酬 爨:做饭
宁夏卷	A.为震威兵马监押,摄知城事 B.昭率老幼婴城,敌攻之力 C.于是夜缒而出,薄其营 D.城上鼓噪乘之,杀获甚众	摄:代理 婴:环绕 薄:削弱(应为"迫近") 乘:追逐
天津卷	A.君有加惠于其臣 B.治国不失秉 C.君若宥而反之 D.是君与寡君之贼比也许	加:增加(应为"施加") 秉:同"柄",权柄 宥:宽恕 比:并列
四川卷	A.其施设皆素所见闻而已 B.讲章句、课文字而已 C.而革近世之不然者 D.故其俗一而不杂	素:平素 课:抄写(应为"学习或教授") 革:改变 一:纯一
上海卷	写出下列加点词在句中的意思:(1)漫应曰( ) (2)宽备言其状( )(唯一采用此种考法的省市)	漫:随便 备:详细
重庆卷	A.乃以博财物耶 B.禄秩优厚 C.规小得而大失者也 D.事觉自死	博:增加(应为"换取、接受") 秩:品级 规:谋求 觉:败露
辽宁卷	A.引为左军行参军,以治干称 B.躬耕以养弟妹 C.蛮夷不宾,盖待之失节耳 D.至郡,布恩惠之化	干:才能 躬:亲自 宾:归顺 布:宣告(应为"散布、宣传")
江苏卷	A.遂属其家通明 B.皆逡巡引却 C.通明故魁垒丈夫也 D.率倜傥非常之人	属:托付 引却:后退 魁垒:高大 率:率领(应为"都、全")
浙江卷	A.虽尤物不足以病 B.然去而不复念也 C.常与寒士角 D.以蓄其所有	病:祸害 去:归去(应为"离开、消失") 角:较量 蓄:收藏
福建卷	A.自新随口而应,若素了者 B.不知贫贱之为戚也 C.县吏怪其意气 D.见其面斥人过	了:明白,了解 戚:忧愁 怪:责怪(应为"以……为怪"或"为……感到怪异") 面:当面
江西卷	A.诸君何为数饮相咨也 B.事连吾侪 C.能偿者捐其息 D.贫者立券还之	数:多次,屡次 吾侪:我辈 捐:舍弃 立:订立(应为"立即")
湖南卷	A.季秋之月,天地始肃 B.及繁霜夜零,旦起而视之 C.予世之介士也 D.子胥不奔,则不能入郢	季:季节,气候(应为"末") 零:降落,落下 介:独特,不合群 奔:逃亡,出走
山东卷	A.遂与大夫期十日 B.会天疾风 C.犯风而罢虞人 D.过而击之也	期:约定 会:适逢 犯:冒着 过:经过(应为"毛病,过失")
广东卷	A.开奇之,曰:"公辅材也。" B.以章献起于寒微 C.上大痛,由是独诛怀政 D.昊攻延州,武事久弛 (要求找出正确的一项)	奇:奇妙(应为"以……为奇") 起:出身 诛:惩罚(应为"诛杀") 弛:延缓(应为"松弛")

表3 2006—2009年安徽自主命题试卷中的实词考查一览表

卷别	涉考的实词句子	实词
2006年安徽卷	A.《诗》《书》所述,要在安民 B. 吾州里有千头木奴,不责汝衣食 C. 询之老成,验之行事 D. 资生之业,靡不毕书	要:关键 责:需要 询:询问 资:资财(应为"资助")
2007年安徽卷	A. 往往得之友人所遗者 B. 示周、秦、汉魏以上人 C. 必尽效其所有而后快 D. 是以好之而不厌	遗:赠送 示:告诉(应为"给……看") 效:模仿 厌:满足
2008年安徽卷	A. 休复执论 B. 休直方不务进趋 C. 帝不能夺 D. 吾不用休,社稷计耳	执:坚持 务:致力于 夺:使……改变 计:计策(应为"考虑、打算")
2009年安徽卷	A. 延余两人坐 B. 降跽谢过 C. 过立恭宿别 D. 而乐无加乎此	延:邀请 谢:感谢(应为"认错、道歉") 过:拜访 加:超过

通过以上例子,我们不难发现如下一些规律:(1)实词考查基本上是要求选出"不正确"项;(2)考查范围是以中学学过的为主,且教材出现频率较高的实词;(3)选文虽是教材之外的,但给出了确定实词含义所根据的条件,说明高考考查学生掌握文言实词的情况,不是简单地对原来的知识的复现和回忆,而是借助上下文,考查运用这些知识来解决实际问题的迁移能力;(4)安徽卷考查的实词及义项都是教材上出现过的,以本为本,触类旁通,在实词复习中尤其要落到实处。

2. 虚词。

表4 2009年全国各省市试卷中涉及的虚词考查一览表

卷别	涉考的虚词句子	虚词
全国卷1	未单独设置虚词考查题	
全国卷2	未单独设置虚词考查题	
宁夏卷	未单独设置虚词考查题	
天津卷	A. 今乃用之,可乎;精思傅会,十年乃成 B. 其为君亦犹是也,以故其后名之曰:"褒禅" C. 彼知其将反于齐,赵尝五战于秦 D. 君何不杀而授之其尸,卒廷见相如,毕礼而归之	乃 其 于 而
四川卷	A. 州之士满二百人,乃得立学 今少卿乃教以推贤进士 B. 未及为而去 人非生而知之者 C. 即因民钱作孔子庙 相如因持璧却立,倚柱 D. 无珍产淫货以来四方游贩之民 问征人以前路	乃 而 因 以

续表

卷别	涉考的虚词句子	虚词
上海卷	A.①周以母故　　②而告以成功 B.①饭之而去　　②涵淡澎湃而为此也 C.①评者谓为明世第一　②如今人方为刀俎,我为鱼肉 D.①入其姓名　　②今其智乃反不能及	以　而 为　其
重庆卷	未单独设置虚词考查题	
辽宁卷	未单独设置虚词考查题	
江苏卷	未单独设置虚词考查题	
浙江卷	A.皆以儿戏害其国　　几以捕系死 B.轻死生而重于画　　不患贫而患不安 C.然为人取去　　君为我呼入 D.譬之烟云之过眼　　不知东方之既白	以　而 为　之
福建卷	未单独设置虚词考查题	
江西卷	A.何忧为　　奚以之九万里而南为 B.客偿博所负　　将以求吾所大数也 C.若中心愿之乎　　非曰能之,原学焉 D.至夜分,乃散去　　良乃入,具告沛公	为　所 之　乃
湖南卷	A.其为变亦酷矣　　吾其还也 B.往往清丽奇伟,工于举业百倍　　亦以明死生之大,匹夫之有重于社稷也 C.饮食起居、动静百为,不能勉以随人　　木欣欣以向荣,泉涓涓而始流 D.能推食与人者,尝饥者也　　《齐谐》者,志怪者也	其　于 以　者
山东卷	A.攻原得卫者　　假舆马者 B.待公而食　　信而见疑 C.为鼓以与百姓为戍　　洎牧以谗诛 D.敌人旦暮且至击汝　　若属且为所虏	者　而 以　且
广东卷	A.李迪字复古,其先赵郡人　　祈祷非迪所宜　其毋令往　　B.发兵捕之,久不得　　周怀政之诛,帝怒甚　　C.时频岁蝗旱,何以济　　迪请发内藏库以佐国用　　D.陛下有几子,乃欲为此计　　臣不知皇太后盛德,乃至于此	其　之 以　乃

表5　2006—2009年安徽自主命题试卷中的虚词考查一览表

卷别	涉考的虚词句子	虚词
2006年 安徽卷	A.神农为耒耜,以利天下　　蔺相如徒以口舌为劳 B.李衡于武陵龙阳汜洲上作宅　　此所谓战胜于朝廷 C.家犹国,国犹家,其义一也　　王之好乐甚,则齐国其庶几乎 D.鄙意晓示家童,未敢间之有识　　夫庸知其年之先后生于吾乎	以　于 其　之

卷别	涉考的虚词句子	虚词	
2007年 安徽卷	A. 当一砚之用,不知其为古也　　于乱石间择其一二扣之 B. 蹇裳濡足,被僇辱而不知羞　　溪虽莫利于世,而善鉴万类 C. 则庸俗人亦从而效之　　欲奉诏奔驰,刘病日笃 D. 不能尽述,述其近似者　　今者出,未辞也,为之奈何	其　而 则　者	
2008年 安徽卷	A. 以母丧解,服除,为工部侍郎　　以一璧之故逆强秦之欢,不可 B. 不意休能尔,仁者之勇也　　王元异于百姓之以王为爱也 C. 时政所得失,言之未尝不尽　　不者,若属皆且为所虏 D. 何自戚戚,不逐去之　　长安君何以自托于赵	以　之 所　何	
2009年 安徽卷	A. 遂扫石而坐　　弃甲曳兵而走 B. 有茅屋十数家,遂造焉　　积土成山,风雨兴焉 C. 乐其无己乎　　其孰能讥之乎 D. 遂与李及道士别　　今君与廉颇同列	而　焉 其　与	

据此可得如下规律:(1)近年来有些省市不再单独设置虚词考查题,却并不意味着虚词不需要重视,因为在翻译、阅读理解时,虚词意义、作用仍不可小视,安徽近几年一直在考;(2)考点内容包括18个常见的文言虚词,但考的频率高的依次是"以""而""其""之",而像"若""也""乎""与"考得极少,从近四年安徽考题看,"其"考了三次,"而""以""之"考了两次,"何""所""焉""于""与""则""者"考了一次,"且""乃""乎""若""为""也""因"一次未考,未考的虚词要给予关注;(3)虚词考查形式基本上是加点的意义"相同"或"不同"的一组;(4)考查方式有:①采用与中学课文中的句子做比较的方式;②采用考题选文中两个句子做比较的方式。

3. 句式及翻译。

"文言文翻译主观题"的考查,从分值看,2009年"广东卷""浙江卷"是6分,"天津卷""重庆卷"是8分,"福建卷""湖南卷"是9分,"全国卷"和安徽等其余省皆为10分。考查的固然是全句的翻译,但命题总是选择那些带有重要语法现象的文言文句让考生翻译,也将其作为高考阅卷的采分点。如将高考题"其李将军之谓也"中"其"译成"恐怕、大概"之类揣测的语气词得1分,将"李将军之谓也"译成"说的是李将军这样的人吧"得1分,如果译成"这是李将军说的"不得分。

考查中关于这类现象大致可分成两大类:

第一类是积累性的,实词方面,一词多义,古今异义;虚词方面,是指重要虚词、固定结构。

第二类是规律性的,如词类活用和各类句式。

翻译的标准:信、达、雅。

翻译的方法:直译为主,意译为辅。

具体方法:"留""换""补""删""调"要进行具体训练,让学生学会运用。

表6 "文言文翻译主观题"以安徽自主命题高考卷为例

卷别	译句	关键字词	句式和用法
2006年安徽卷	(1)圣王在上而民不冻不饥者,非能耕而食之、织而衣之,力开其资财之道也。(2)然积以岁月,皆得其用。向之笑者,咸求假焉。	(1)"冻""饥"(挨冻、受饥) "食"(使……有饭吃) "衣"(使……有衣穿)"资"(增加)(2)"积"(积累,引申为"久") "向之"(从前) "求假"(求借)	被动句、使动用法、主谓倒装
2007年安徽卷	(1)已而有识者曰:"此五代、宋时物也,古矣,宜谨宝藏之,勿令损毁。"(2)是非真能好古也,特与庸俗人同好而已。	(1)"有识者"(能辨识古物的人) "谨"(小心) "宝"(当作珍宝一样)(2)"是"(这) "好古"(爱好古物) "特"(只) "同好"(趣味相投)	名词作状语、省略句、判断句
2008年安徽卷	刺史幸知民之敝而不救,岂为政哉?虽得罪,所甘心焉。罪细且不容,巨猾乃置不问,陛下不出伯献,臣不敢奉诏。	(1)"幸"(倘若) "敝"(困苦)"为政"(执政) "虽"(即使)(2)"罪细"(罪轻的人) "容"(宽容) "巨滑"(罪重的人) "问"(问罪) "出"(放逐)	反问语气、被动句
2009年安徽卷	(1)叟识其意,曰:"老夫无用也。"各怀之而出。(2)立恭折竹,窍而吹之,作洞箫声。(3)已而道士复揖立恭曰:"奈何不与道士诗?"	(1)"识"(知道、懂得) "无用"(不需要) "怀"(怀藏、怀揣)(2)"窍"("凿孔") "作"(发出)(3)"揖"(拱手行礼) "奈何"(为什么) "与"(给)	省略句、名词作动词、反问句

4.文言文综合阅读。

(1)"筛选信息"以全国各省市卷为例。

表7 "筛选信息"以全国各省市卷为例

卷别	题干	题型
全国卷1	表明魏德"深受百姓拥戴"的一组	选择题
全国卷2	表示郭原平"孝敬父母"和"仗义助人"的一组	选择题
宁夏卷	表明朱昭"坚决抗敌"的一组	选择题
天津卷	每句话都能体现"管仲是治国之能臣"的一组	选择题
四川卷	与分析概括相糅	/
上海卷	联系全文,简析沈周隐逸的原因	问答题

卷别	题干	题型
重庆卷	全都属于"贪鄙"恶果的一组	选择题
辽宁卷	表明孙谦"为政清廉"的一组	选择题
江苏卷	表明沈通明"有情""有义"的一组	选择题
浙江卷	与分析综合相糅	/
福建卷	与分析概括相糅	/
江西卷	全都表现卖酒者"乐善好施"的一组	选择题
湖南卷	与分析鉴赏相糅	/
山东卷	全部"直接表现诚信"的一组	选择题
广东卷	都能表现李迪"胆量非凡"的一组	选择题

做此类题有六大易失误点：①对象错位，②方法错位，③概念错位，④主旨错位，⑤事件错位，⑥关系错位。

（2）"归纳概括""分析综合""鉴赏评价"以安徽卷为例。

表8　"归纳概括""分析综合""鉴赏评价"以安徽卷为例

卷别	考题	解析
2007年安徽卷	10. 下列对原文的理解,不正确的一项是 A. 作者从一方古砚起笔,围绕人们对待古物的不同态度展开议论,借题发挥,联系现实,最后点明了写作缘由。 B. 文章第二自然段指出,流传到后世的古物,在它所产生的那个时代,只是被当作一件普通的物品来对待的。 C. 作者认为,真好古的人,搜求古物,追慕古人的道德文章;假好古的人,或附庸风雅,或谄媚权贵以逐利求进。 D. 文章对当时盲目好古、仿古、造假的风气进行针砭,体现了作者直面时俗的批判精神和卓尔不群的个性特征。	答案:D "批判精神"倒是有一点,但要说"卓尔不群的个性特征",属无中生有。
2008年安徽卷	10. 下列对原文有关内容的分析和概括,不正确的一项是 A. 韩休擅长写文章,被举荐为贤良,在玄宗为太子时,受命逐条回答有关国政问题,此后担任过一系列重要的官职。 B. 韩休任虢州刺史期间,体察民情,请求为虢州百姓减免赋税,经过努力终获成功,表现出他为民请命的仁爱之心。 C. 韩休因萧嵩举荐而任宰相,他的耿介刚直与萧嵩的宽容随和形成互补,二人关系也很和谐,因而得到宋璟的赞许。 D. 韩休秉公直谏给了玄宗很大压力,但面对谗言,玄宗非常清醒,将韩休与萧嵩进行比较,说明了任用韩休的理由。	答案:C 由"休临事或折正嵩,嵩不能平"可知"二人关系也很和谐"错。

续表

卷别	考题	解析
2009年安徽卷	6.下列对原文有关内容的分析和概括,不正确的一项是(3分) A.隐溪隐匿避世,在交友方面非常谨慎,乐观旷达,对生死也很淡然;虽然年事已高,还能怡情山水。 B.立恭性情率真,能饮酒,好读书,擅长诗歌写作,与作者有着很深的交往,对已逝的父亲充满怀念。 C.立恭提议出游后应该有游记,可是作者因为事务繁忙,一直未能写作,直到次年八月才动笔写成。 D.文章主要记述了游东山的情况,表现了作者与隐溪父子的深厚友情,流露出对老友逝去的感伤。	答案:C 解析:"是游宜有记"的意思是"这次游览可得写篇游记",作者一直未能写成,不仅仅是事务繁忙,还因为"未毕,立恭取读,恸哭;余亦泣下,遂罢"。

由此可见:此类题型常见形式——"下列对原文分析和概括不正确的一组"或"下列对原文分析和概括正确的一组"。

解此类题,考生应注意以下几个方面:

第一要认真读懂原文,理解所选的用来做判断的句子的含义,扫清文章障碍,捕捉到重要信息;第二是读懂题干,弄清标准;第三,找到每句话在原文的出处,结合上下文,先理解语句的意思,再与题干要求对照,逐一检查,再做出选择;第四,特别要注意将备选答案中相关内容逐条与相关部分比较,看选项的表达与原文是否一致,凡是对原文内容故意夸大、缩小、曲解、混淆甚至"无中生有"的选项,都是命题者设置的陷阱,应特别小心。题干常常设计从四个选项中选出"不正确"的一项,如果我们能够正确地利用比较法、排除法,选出错误的一项应该有把握的。

二、文言文复习,不能不关注一个问题——文言文选什么?

以下试对2009年全国各省市及近四年安徽高考卷做了如下统计归类:

表9 2009年全国各省市及近四年安徽高考卷统计归类

卷别	选材出处	文体	主题	字数
全国卷1	《北史魏德深传》	人物传记	治理有方,深受百姓爱戴的好官	711
全国卷2	《宋书·郭原平传》	人物传记	有孝心、为人宽厚谦虚的古人	719
宁夏卷	《宋史·朱昭传》	人物传记	忠心爱国,坚决抗敌的将领	646
天津卷	《管子小匡》	诸子散文	知人能让、举贤荐能的臣子,重视人才、善于纳谏的君王	722
四川卷	《慈溪县学记》	散文	倡导办学	691

卷别	选材出处	文体	主题	字数
上海卷	《沈周》和《岭外代答》卷八《花木门·桂》	人物传记说明文	为人宽厚、厌入官场的古代才子	590
重庆卷	《贞观政要贪鄙》	议论文	小心奉法,力戒贪鄙	608
辽宁卷	《梁书孙谦传》	人物传记	淳厚友爱、勤于职守、廉洁奉公、以身作则的官员	683
江苏卷	《书沈通明事》	小品文	"有情""有义"的人才	685
浙江卷	《宝绘堂记》	散文	阐述可"寓意于物",不可"留意于物"的道理	534
福建卷	《震川先生集》	散文	感慨主人公的经历坎坷、怀才不遇	600
江西卷	《魏叔子文集》	散文	诚信厚道、慷慨助人、乐善好施	639
湖南卷	《张耒集》	序言	物不受变材不成,人不涉难智不明,正确看待人事变迁	746
山东卷	《韩非子·外储说左上》	诸子散文	坚守诚信	736
广东卷	《宋史·李迪传》	人物传记	忠于朝廷,敢于直言	620
2006年安徽卷	《齐民要术》	序言	说明《齐民要术》是想为平民提供谋生致富之术的一部读物	619
2007年安徽卷	《古砚说》	议论文	针砭、盲目好古、仿古、造假、逐得求进的时俗	591
2008年安徽卷	《新唐书·韩休传》	人物传记	耿介刚直、为命请命	630
2009年安徽卷	《东里集》	游记	抒"友情"与"感伤"	806

启示:(1)从"固定"走向"灵活",文言文考查选材内容从史传文为主的单一模式发展到了多种文体并存的"多元模式",正史人物传记、历史散文、诸子散文、叙事说理散文、写景抒情文、赠序、文言小说、笔记小品等,纷纷入选。其原因除了主动追求变化,还可能与史书适合考试的人物几乎选尽有关。(2)文言文的主题以"教化"为主,只能选择正面的,人文性较强且能体现人文关怀的。(3)字数在600~800字之间。(4)文言文阅读取材,开始关注地方特色。2009年江苏考的《书沈通明事》就是其本土文人小品。安徽是否会出现具有安徽地方特色的文言阅读材料呢?据近四年安徽考题看,议论性散文值得关注。

三、复习建议

1. 关注选材。

2. 注意积累。

3. 训练要有针对性。

4. 将方法落于实处。

5. 对新题型要适当关注。

解读2002年全国高考仿句题

25. 仿照下面的比喻形式,另写一组句子。要求选择新的本体和喻体,意思完整。(不要求与原句字数相同)(6分)

> 海是水的一部字典:
> 浪花是部首,
> 涛声是音序,
> 鱼虾、海鸥是海的文字。

上述试题为2002年全国高考语文第六大题第25小题,考查的是"仿用"。所谓"仿用",就是对提供的语言材料进行仿制,从表达思路到词语的结构、句子的样式、前后分句的关系以及修辞方法的运用等,都要与所供样例保持一致。它注重考查的虽是学生语言运用的实际能力,但学生的知识储备,由此及彼的联想能力也很重要。尤其重要的是,考生要能通过对被仿用对象的分析准确了解其中的隐含要求,做到既注意题目显性要求,又能符合题目的隐性要求。

从题干看,首先,它要求仿照的是一组包含暗喻的四个句子,如果写成判断性的句子,则不符合题意。如有考生这样写:"目标是人生前进的方向:努力是付出,达成是收获,艰辛是过程。"这就不符合题意的要求。其次,它要求选择新的本体和喻体,如果本体和喻体使用了仿例中的词语,即使其他方面符合要求,也将影响得分。如"森林是松树的一部字典:松浪是部首,松涛是音序,松树、松林是森林的内容"。

据题干分析,可以了解到一些隐含的要求。

1. 领有。首句"海是水的一部字典"中的"海"和喻体"字典"都是所指范围比较大的词语,其他三句的本体"浪花""涛声""鱼虾、海鸥"和喻体"部首""音序""文字"都是所指范围比较小的词语,首句的本体和喻体与其下面三句的本体和喻体之间分别有"上位概念与下位概念""整体与部分""处所与存在物"的关系。

2.完整。这四个比喻句要求构成一个完整的语段,有一个明确的表达中心,这一点首句末尾的冒号也有所提示。

3.合理。四个比喻句之间应该有合理的逻辑联系。

4.贴切。应该符合比喻的要求,本体和喻体虽本质不同,但要有相似点,且有好的表达效果。

考生在弄清上述要求后,即可大胆地驱遣想象,尽情地抒写性情与灵性。如有考生写成:“春天是柳姑娘的梳妆台:春风是梳子,春水是镜子,绿树、红花是春天的饰物。”称得上秀丽;有考生写成:“月夜是夜间的一个舞台:月亮是灯光,星星是跳舞女郎,蟋蟀、油蛉是月夜的演奏家。”可谓是有意境;有考生写成:“改革开放的中国是一条腾飞的巨龙:珠穆朗玛峰是它不屈的头颅,万里长城是它坚强的脊梁,长江黄河是它奔腾的血液。”则简直可以说是气势磅礴、铿锵有力了。

今年的高考仿句题与往年同类试题相比,难度有所提高,显示了外放内收、收中有放的特点。它给学生提供了比往年同类题型更宽广的想象空间,同时也给考生性灵得以充分张扬搭建了宽阔的舞台。它启示我们语文教师:在语文教学中,既要培养学生的语言运用与表达能力,又要鼓励学生大胆联想、想象,使学生敢于创新,勇于实践。

（此文发表于《学语文》2002年第5期,有改动）

潮平两岸阔，风正一帆悬

——2017年高考语文全国Ⅰ卷试卷分析

"潮平两岸阔，风正一帆悬"，2017年高考语文全国Ⅰ卷以其命题的宽广视野、深远立意、高扬的主旋律、明确的未来指向等总体特点，给我们如是观感。2017年是中国教育的改革之年，全国Ⅰ卷在万众瞩目中露出真容。综观整套试卷，选材丰富，形式多样，设问灵活，弘扬传统文化，渗透育人理念，注重能力和思维考查，引导学生关注社会时事；同时又兼容并包，以开放的姿态关注世界变化，气势磅礴，眼光深邃，体现了思想的内涵和人文的光辉。今年的试题，主动拥抱时代，贴近考生实际，具有很强的导向作用，不仅呼应了课程改革的设计理念，而且更符合高校对人才选拔的核心要求。

认真分析、研究2017年的高考语文全国Ⅰ卷，可以帮助我们认识高考语文命题的规律，理解新考纲的精神，把握高考的风向标，同时对我们的语文日常教学及高考语文的备考也具有现实的指导意义。

一、高考语文全国Ⅰ卷总体评价

2017年高考语文全国Ⅰ卷秉承"立德树人""为国选才"的功能指向，在"为什么考""考什么"和"怎么考"三个关键问题上下足了功夫，落实了改革成果。试题命制紧扣新考纲要求，贯彻"一核四层四翼"的基本思想，增强对必备知识、关键能力、学科素养、核心价值的考查，科学规划以实现基础性、综合性、应用性和创新性的并重。题目设置视野开阔，贴近经典，重视传统文化的积淀，倡导核心价值观；贴近人生，体现时代要求，关怀人的存在与发展；贴近生活，关注民生现实，生活气息浓厚；贴近考生实际，关注学情特点，突出能力考查。

整套试题呈现出稳中有变、变中求新、新中见活的鲜明特点，不仅多角度地弘扬中华传统文化，还积极引导考生关注社会、关注人生、关注时代，正确理解试题背后呈现的积极价值取向。巩固语文学科在培养和选拔"又红又专，德才兼备，全面发展"优秀人才方面的基础性地位的同时，进一步凸显了语文学科在高考体系中所独具的"以文化人、以文育人"的优势功能,具有较为浓郁的人文色彩,体现了语文试卷对现代人应具备的人文素质的呼唤。

(一)稳中有变,考查全面

2017年高考语文全国I卷坚持"立德树人"的价值导向,凸显语文学科人文性和工具性的特点,着眼于对考生语文素养及运用能力的考查。试卷结构与往年大体一致,四大板块——现代文阅读、古代诗文阅读、语言文字运用和写作,基本保持稳定。论述类文本阅读,文言文阅读,语言运用中的成语、病句、补写题的考查保持稳定。

论述类文本《中国参与国际气候治理的法律立场和策略:以气候正义为视角》选段,考查的是学生对于气候与环境、气候与社会、气候与人类等关系的理解和思考,题型、分值保持稳定。文学类文本考查的是学生对人性美及人生道理的理解和认识。实用类文本考查内容虽有变化,但依然指向学生关注生活、关注世界的能力和意识。文言阅读沿袭往年对人物传记的考查,题型、分值保持稳定。名篇名句默写依然采用情境式填写的方式,注重学生对古诗文的理解和运用。语言文字运用模块中,17题、18题、20题均沿袭2016年的题型,重在考查考生的语言积累和运用能力,题型、分值保持稳定。19题和21题虽有形式上的变化,但依然落在对考生语言积累和运用能力的考查上。22题的写作,虽然形式上变化很大,但同样重在考查学生关注生活、关注社会的意识和能力。

2017年考试大纲做了一些新的修订与调整,今年的高考语文I卷在试卷文字总量保持稳定的前提下,呈现出一些新变化。

最大的变化莫过于现代文阅读,相较往年实用类文本和文学类文本二选一,今年这两类文本均成为必考的内容。这虽然在2017年考纲中有明确规定,但是因为考生阅读量的增大,必然要对整个试卷题型和题目数量做出相应的调整,如:文学类文本减少一道主观题,共3题14分;实用类文本增加一道客观选择题,只保留一道问答题,共3题12分;试题总量由18题调整为22题。实用类文本一改对往年人物传记类的考查,改为考查新闻材料,采用多篇非连续文本的组合,有图,有文,有数据,要求考生在比较中认识中国电视纪录片运营和发展的特点。这种变化虽然只是一个局部调整,但盘活了现代文阅读考查的全局,既扩展了调整客观题与主观题比例的空间,也利于命题在考查方式上更为灵活多变,从而提升试题的实用性、针对性、科学性与区分度。古代诗文阅读,诗歌鉴赏由往年的两道主观题改为了一个客观题(五选二)和一个主观题,名篇名句默写上也做了适当的调整,两题5空计5分。语言文字运用,由2016年的"选词填空"和"图文转换"题,改成语言得体和逻辑推断能力的考查题型。第19题和第21题也是近几年没有出现的题型,特别是第21题比较新颖,通过寻找"推断中存在的问题"对考生思维能力和语言实际运用能力进行考查。写作部分,今年全国I卷高考作文提供12个"中国关键词",要求考生通过选择两三个关键词,来呈现你所认识的中国,帮助外国青年读懂中国。命题立意颇具国际视野,全面驱动,奏响时代最强音,契合了当今"中国文化走出去"的时代主题,也起到了引导考生关注社会现实、关注时代变迁的导向作用。同时,设题巧妙,视角独特,它将任务驱动型作文与"解说词"这一实用类文本写作结合在一起,降低了审题的难度,防止了套作的产生。

(二)变中求新,亮点纷呈

2017年高考语文全国I卷变中求新,呈现出诸多亮点。

1. 落实"立德树人、服务选才、引导教学"的高考核心功能,对"立德树人"的考查贯穿全卷始终。

2017年高考语文全国I卷试题在引导考生展示语文学习成果的同时,自觉践行社会主义核心价值观,推进立德树人,向社会传递正能量,传播好声音。

作为重头戏的作文,不仅深受考生欢迎,还引发了社会的广泛讨论、积极评价与深入思考。今年全国I卷作文以"中国关键词",引导考生正确认识中国特色,以正确的立场和方法认清世界和中国的发展态势,在此基础上向外国青年"讲好中国故事",让考生在写作中体味"月是故乡明""风景这边独好"。命题春风化雨,引导考生领会命题背后的人文精神和价值取向,在正面引领价值观的同时,也为批判性思维的发挥预留空间,启发考生直面发展中的问题,正视前进中的矛盾。写作要求将"呈现你所认识的中国"作为明确指令,鼓励考生从所知、所学、所感出发,在对宏大话题的把握中,理性思辨,畅所欲言;引导考生关心现实国情与改革发展,展示他们的理想信念、精神状态与综合素质,激发青年一代与中华民族伟大复兴同心同向的使命感。

2. 聚焦对中华优秀传统文化的考查,全面彰显文化自信。

试题选材着重于展示传统文化中的优秀品德情操,突出中华优秀文化的传承与发展,引导考生融通古今,以时代精神继承并激活中华优秀传统文化,将弘扬优秀传统文化与个人及社会的发展紧密结合起来,既继承传统,又超越传统。名篇名句默写中,曹操的《观沧海》、杜牧的《阿房宫赋》呈现出了乐观进取、责任担当等优良品质。文言文阅读中,选材中的传主谢弘微热爱知识、清廉正直、笃于亲情,他作为中国传统道德的楷模,在当下也是立德树人的榜样。

在试题材料主题规划方面着力体现中国传统文化,让传统照进现实。全国卷中的语言运用试题,有意识选取中国书法、丝绸之路、敬辞谦辞的运用等与传统文化密切相关的内容,引领考生感受中华优秀传统文化的独特魅力。

为了全面彰显文化自信,体现文化传统的创造性转换,体现时代精神,体现高考的功能与价值,2017年高考语文Ⅰ卷特意设计了古代科举与当代高考相呼应的试题。如:古代诗歌阅读选取欧阳修的《礼部贡院阅进士就试》,借以强调中国选拔人才历来德行为先的传统,试题要求考生赏析诗中"下笔春蚕食叶声"的精妙之处,表露出诗人对考生"如春蚕食叶而不断成长"的殷切期望与美好祝福。考试文化作为中华优秀传统文化中的重要组成,不论是封建时期的科举制度,还是当前实施的高考制度,都为社会进步和国家发展做出了巨大贡献。

3.展现高考改革成果,服务选才引导教学。

2016年教育部确定了"一核四层四翼"的高考评价体系,2017年高考语文Ⅰ卷守正出新,全力展现高考改革成果。整套试题的命制,选材精当,文体兼顾,人文及时代气息浓厚,考点分布均匀,难度搭配合理,区分度加大,有效防止套作,提高了考试的信度和效度。同时,为适应高校对"又红又专,德才兼备,全面发展"优秀人才的选拔需求,高考语文Ⅰ卷体现了科学规划基础性、综合性、应用性和创新性并重的命题构想与理念,加强对考生信息筛选、逻辑推断、审美鉴赏等诸项能力的重点考查,以"核心价值"为引领,回应改革呼声,实现高考评价体系在"必备知识"基础上对"关键能力"和"学科素养"的兼顾。

可以预期,2017年的高考语文将会对高中语文教育与教学产生积极影响,促进中小学语文教学重视语文综合素养,帮助学生构建均衡而合理的能力结构和素养体系,引领语文学科建设的方向,凸显母语教育在国家人才强国战略中的基础性战略地位。

(三)新中见活,能力先行

1.内容鲜活,试题落实新考纲要求,渗透立德树人思想,实现"语文关键能力"与"语文学科素养"全覆盖。

调整后的现代文阅读试题文体更丰富,内容更接地气。全国卷实用类文本阅读Ⅰ卷中展现中国影像发展历程的"央视纪录频道"与文学类文本阅读Ⅰ卷中反映军民团结、民族和谐的小说《天嚣》命题均关涉思想情感、人物形象、叙事艺术、语言风格等文学阅读的核心要素。在全面检阅考生文学素养的基础上,突出审美鉴赏能力的考查。论述类文本阅读,作为全国卷的第一道试题,在形式确保稳定的前提下,在命题思路和技术上狠下苦功、多用巧力。选用时评,论述与人类生存环境密切相关的"气候正义",一方面承继过往,重点考查对文章基本观点的理解;另一方面更力图做出新的探索,强化对论述方法、论证方式和批判性思维等方面的考查。

语言文字运用,试题选材均来自当下报纸杂志,"公益广告、智能机器人、一带一路、快递服务、启蒙阅读、义工服务、互联网+、经济全球化、药品安全、大学生择业"等热词纷纷涌现,反映当下社会的方方面面,具有强烈的时代精神和鲜明的生活气息。

作文材料源于中央电视台2017年5月份的一组连续报道,为了让考生的思想更集中、更深入,命题者做了必要的调整与提炼,反复斟酌试题的素材、内容和情境,直观而策略地反映时代主题,正面而巧妙地传递价值观念。该题接地气、有生气,立意高远又力避空泛;"呈现你所认识的中国"要求从大处着眼,小处落笔。十二个"中国关键词"又是考生落笔的抓手,而"从中选择两三个关键词"的指令更容易激发考生的写作欲望。这些关键词搭配组合的自由度很大,如由"长城""京剧"讲讲拥有古老文明的传统中国,由"高铁""移动支付"谈谈现代开放的高科技中国,由"中华美食""广场舞"说说好玩的中国或热情的中国,由"共享单车""移动支付"聊聊生机勃勃的时尚中国或新生事物层出不穷的互联网中国。每一个关键词都可看作中国的缩影和表征,它们之间既存在着丰富的张力和层叠的思辨空间,又共同构成了多样而立体的中国。显然,这样的命题更有利于将思想教育和价值引领作用细化、实化、具体化。

2.形式灵活,语言运用与思维能力并举,试题的信度和效度得以提高,服务高考选拔人才的需要。

2017年高考语文Ⅰ卷的客观题数量、分值有所增加,其中单项选择题增加3题,多项选择题增加1题,客观题总的分值相应增加了14分。通过这种设计调整,考生的书写总量有所下降,但阅读总量尤其思维含量并未降低,试卷的整体难度与往年大体持平。选择题主要考查信息筛选能力、综合分析能力、概括理解能力、文本鉴赏能力、语言积累运用等,考查目标更为明确,考查重点更为清晰。题干干扰设置更为灵活,尤其是多项选择题的增加,可以进一步拉开试题的区分度,更好地实现试题的选拔功能。

思维品质考查力度加大,是今年Ⅰ卷试题的突出特点。论述类文本阅读、实用类文本阅读强化考生对作者思维过程、行文思路的认识和信息的分析、判断;语言文字运用,将语言的准确性与逻辑的严密性融合在一起考查;作文材料给出不同领域的关键词,体现辩证观,作文指令考查"异中求同"思维能力倾向明显。

写作紧扣时事,关注生活,突出能力考查。审题不难,但要讲好中国故事不易。12个关键词搭配组合的自由度很大,除具备相应的写作技巧与语言表达能力外,还需要学生有较多的知识积累和生活积累,同时具备相应的思考分析能力。

二、高考语文全国Ⅰ卷版块横向分析及试题详解

2017年高考语文全国Ⅰ卷试题,严格按照新修订考纲的要求命制,体现新课程标准的精神,注重考查语文核心素养。试卷版块设置清晰,题量安排科学,分值设计合理,能力层级比例配置恰当,考点全面,难度适中;题型稳中求新,重视逻辑思维,契合考生视角,设问灵活多样,让每一位考生都能展示出自己的真实水平。

现依据试卷版块做如下横向分析:

(一)现代文阅读(35分)

1. 论述类文本阅读(9分)。

选文由学术论文改为时评。文本选自曹明德的《中国参与国际气候治理的法律立场和策略:以气候正义为视角》,把脉时代症结,论述的是气候与所有国家、地区和个人之间的关系。选材典型,视野开阔,内容切合时代热点。选文800字左右,比考试说明题型示例字数略少,阅读量有所减少。选文采用总分总结构,先介绍气候正义诞生的背景和内涵,然后从空间和时间两个维度分别说明不同国家和地区之间如何公平享有气候容量的问题,当代人与后代之间如何公平享有气候容量的问题,最后加以总结。第一段和最后一段信息量不大,理解起来难度也不大,中间两段是阅读理解答题的关键。选文题材关乎自然与文

化,虽涉及一些考生较为陌生的术语,但行文简明精炼,条理清晰,中心突出。总体上通俗易懂,不难把握,适合高中生阅读和理解。

从考点覆盖看,依然着重考查考生理解文中重要概念、重要句子,筛选并整合文中信息和把握作者的观点态度的能力。今年特别值得注意的两点变化:一是侧重考查了筛选并整合文中信息,分析论点、论据、论证方法这个考点;二是三道客观题,往年三题均是选择错误的一项,而今年第1题则是选择正确的一项。

近几年全国卷命题越来越强化"整体阅读"意识,要求考生在真正读懂的基础上做出选择。今年更是加强考查考生整体"读懂"的能力,尤其体现在第2题题干要求的设置和第3题的所有选项的设置上,错误选项更隐蔽。严密的论证往往涉及判断、推理等逻辑思维能力,这对相当一部分学生的论述类文本的理解和分析能力提出高且新的要求。

2. 文学类文本阅读(14分)。

文学类文本和实用类文本皆成为必考题,是今年高考语文变化最大的考点。文学类文本阅读的选材是当代作家赵长天的小说《天嚣》,文章短小精悍。文章讲述了试验队被困队员与素不相识的送瓜人之间的故事,描绘了人与人之间的互相帮助的美好图景,也说明了帮助他人就是帮助自己的道理,让人感动之余深受启发,对当下社会人情的冷漠有观照意义。文本长度与考试说明题型示例相当。选材关注我们比较陌生的科研人员的生活,但情节、人物都不复杂,主题也很鲜明。小说构思精巧,环境描写、心理描写相当成功,结尾富有意蕴,给读者充分的想象空间。

题型设置上,3题14分,第4题采用客观题型,改原来"五选二"的多选为"四选一"的单选,考查考生分析文章内容、鉴赏艺术特色的能力。第5题,题干要求明确,"好处"指明从谋篇布局的角度分析作答,即情节结构、小说主题等方面,考查考生分析小说构思技巧的能力。第6题为主观题,要求分析结尾的艺术效果,题目设置体现了全国卷的灵活度和综合性,但仍然立足于小说基本要素的考查。

整体来看,这次文学类文本阅读切近高中学生的阅读经验和人文认知,在坚持关注人物形象的同时,突出对布局谋篇的全局性思考,加大了对文学鉴赏的较高能力层级的考查。

3. 实用类文本阅读(12分)。

选文由传记改为新闻,选择了非延续性的四则新闻材料,其中材料二为图表形式,这和考试说明题型示例中关于"国民阅读"的新闻材料题题型相同。第7题和第8题都是客观题,分别要求选出不正确的一项和正确的两项,要点分散在全文,需要有较强的筛选信息和整合概括的能力。第9题为主观题,需要找到问题的区间,分析归纳后有条理地概括,这道题要求考生养成条分缕析的思考和答题习惯。

(二)古代诗文阅读(35分)

1.文言文阅读(19分)。

取材《宋书·谢弘微传》,体现了全国卷一贯的选材特点:一是出自"正史",二是传主为忠臣良将、清官廉吏。文本600字左右,与2016年全国卷的《曾公亮传》586字基本持平。

在题型设置和考点检测上兼顾文言断句、文化常识、文本内容理解、翻译句子四方面内容。

第10题,文言断句题,全国卷连续考了三年。2017年在这类题的选项设置上采用了一贯做法,考生细心甄别,只要根据前后文准确理解划线的两句话,运用排除法,就能做出正确选择。

第11题是2015年出现的题型,即在阅读材料中选取四个具有古代传统文化内涵的词语,对相关内容进行解释,反映其中的文化意义,要求考生选择出不正确的一项。考查古代文化常识,与整个社会重视中国传统文化传承的大背景有直接关系,2017年更是在考纲中有了明确规定。四个选择项分别涉及"名、字""姻亲""母忧""私禄"等内容,都是古代文化常识的基本内容,且可带入原文判断正误,考查的是真正的"常识"。

第12题命题形式未变,每个选项首先用一句话概括,并用句号与后面的句子断开;接着紧扣这一句概括语陈述原文中的相关信息,体现概括语与相关信息的同一性,即概括语是从相关信息抽取出来的,相关信息用来说明概括语。历年考试中,这道题规律性极强:四个选择项是按照文本的自然顺序,选择传主的代表性事件或体现的思想品质逐层设题。从全国卷命题特点看,本题设错角度有个别实(虚)词故意译错、人物的事迹张冠李戴、事件发生的时间和地点错位、人物性格品质分析不恰当、无中生有、强加因果关系等特点。

第13题文言翻译题仍然侧重考查重点实词、虚词、特殊句式,需要在翻译时字字落实,根据现代汉语表达习惯,运用"增、删、调、补、换"等方法,力求文通句顺。

2.古代诗歌阅读(11分)。

近几年古代诗歌阅读,作者多为名家,选材基本都在唐诗宋词的范围内,诗歌多为律诗,题材多以写景、羁旅行役、咏怀诗为主。今年取材于宋朝著名诗人欧阳修的《礼部贡院阅进士就试》,这首诗的内容和考生在考场答卷的情形相映成趣。考生在答题的同时,也了解了古人考试时的情形,体现了文化的传承和体制的变革,设题有趣又意义深远。2017年全国I卷侧重对诗歌内容与语言的赏析,第14题变为客观题,采用"五选二"的方式,需要考生对诗歌内容、情感、手法都有较为准确的理解。第15题主观题为炼句题,是考生熟悉的题型,回答时需从诗歌描写的内容和使用的手法上有条理地分析。

3.名篇名句默写(5分)。

考试范围就是《考试说明》规定的64篇古诗文。默写句子涉及曹操的《观沧海》和杜牧的《阿房宫赋》,一诗一文。分值从原来的6分减至5分,初中2分,高中3分。考查形式仍为情境式理解性默写,难度有所增加,书写错误也会导致得分率低。

(三)语言文字运用(20分)

语言运用题最易出现新题型。今年成语题、病句题、补写题没变,表达得体题替代了虚词选择填空题,逻辑推断题替代了流程图题。这些变化在考试说明中都有体现。

成语题题型稳定,选材面广,涉及政治、经济、文化等社会生活各个领域,贴近生活,旨在让考生在平时的生活和学习中潜移默化地积累成语,在正确使用成语的基础上关注社会新闻事件和社会意识形态领域的发展。主要考查常见、常用、易错的成语,无生僻成语。考查形式依然为六选三,只不过题干要求选出全都不正确的一项。题干的变化,要求考生在结合语境准确理解词语的基础上,认真审读题干。设错类型方面,不合语境、望文生义、对象误用等,是考查热点。

病句题选自社会热点素材,切合考生生活,关注生活性,体现时代性。设题类型都是考纲中列举的六大错误类型,其中结构混乱、搭配不当、不合逻辑、成分残缺考查频率较高。

第19题考查语言表达得体,意在引导考生对日常生活中语言交际和对传统文化礼仪的关注。这类题型要关注敬谦辞的恰当使用,同时还要关注语境和语体。要求考生平时加强积累,分清说话对象;既要辨析语境,还要兼顾语体色彩。

第20题延续以前的形式,补写恰当的语句。材料大都是说明性的语段,侧重于科技人文、环境保护等方面,今年谈的是"药品与健康"的话题。考查要求补写三句,使整段文字语意完整连贯,内容贴切,逻辑严密,每处不超15字。分值依然是6分。这类题型侧重于对考生语言表达运用能力的综合考查。

第21题则是新出现的题型——语段推断给出一段话,找出其中推断存在的问题,再仿照示例说明另外两处问题。这类题型主要考查考生逻辑思维及语句仿写的能力。语段推断要注意句子前后的语意联系和语句之间的逻辑关系;仿写句子要做到前后语意贯通,句式保持一致。这道题的增加也向我们传递出高考语文对于考生语言逻辑思维能力的重视。

(四)写作(60分)

近五年,全国卷作文多为新材料作文,命题呈现如下特点:(1)折射社会多元化;(2)注重思辨能力;(3)引导个性思维;(4)凸现人文色彩;(5)关注对生活的思考和体验。高考作文越来越具有创新性,讲求开放性,但不论怎样创新变化,都离不开"生活性、文化性、思辨性"三大核心词。

2017年全国Ⅰ卷高考作文的材料"通过关键词,帮助外国青年读懂中国"可谓是国际视野,全面驱动,奏响时代最强音。它将任务驱动型作文与"解说词"这一实用类文本写作结合在一起,契合了当今"中国文化走出去"的时代主题。题目要求选择其中的两三个来呈现你所认识的中国,并且找到所选关键词的有机关联,据此写成一篇能帮助外国青年读懂中国的文章。今年的作文题比去年的驱动型更明显,立意面更广也更开放。审题难度大大降低,但对思辨能力和逻辑能力的考查却没有降低。

作文材料中十二个关键词涵盖了经济、文化、民生、科技、环保、城乡、出行、购物等八大门类,充分体现了关注时政热点的主要特征,充分引导考生关注并思考现实问题,同时具有国际视野,从国家发展的大局着眼,承担中国公民向外国青年推介中国的责任意识,既弘扬中国传统文化,又展望国家发展的美好前景,具有明显的"立德树人"导向功能。写作时注意选择的两三个关键词要形成有机的关联,考生可以根据"一带一路+高铁""共享单车+一带一路""中华美食+移动支付""广场舞+美丽乡村""共享单车+空气污染""广场舞+京剧"等二元关系话题展开,完成"选择两三个关键词""使之形成有机关联""呈现你所认识的中国""帮助外国青年读懂中国"四大任务驱动,对考生任务驱动的复杂性和思维驱动的关联性提出了更高的要求,可谓真正意义上的"任务驱动型作文"。考生可以自主选择,但必须同时满足上述四个要求,这对于思维能力欠佳的考生来说难免会顾此失彼,这就提醒我们在今后的作文教学中,在引导学生养成多看、多读、多积累、多观察、多思考等习惯的同时,必须狠抓写作思维训练,让考生学会真正的独立思考和个性写作。

以下是试题详解——

2017年普通高等学校招生全国统一考试(全国卷Ⅰ)
语文试题

一、现代文阅读(35分)

(一)论述类文本阅读(本题共3小题,9分)。

阅读下面的文字,完成1~3题。

气候正义是环境主义在气候变化领域的具体发展和体现。2000年前后,一些非政府组织承袭环境正义运动的精神,开始对气候变化的影响进行伦理审视,气候正义便应运而生。气候正义关注的核心主要是在气候容量有限的前提下,如何界定各方的权利和义务,主要表现为一种社会正义或法律正义。

从空间维度来看,气候正义涉及不同国家和地区之间公平享有气候容量的问题,也涉及一国内部不同区域之间公平享有气候容量的问题,因而存在气候变化的国际公平和国内公平问题,公平原则应以满足人的基本需求作为首要目标,每个人都有义务将自己的"碳足迹"控制在合理范围之内。比如说,鉴于全球排放空间有限,而发达国家已实现工业化,在分配排放空间时,就应首先满足发展中国家在衣食住行和公共基础设施建设等方面的基本发展需求,同时遏制在满足基本需求之上的奢侈排放。

从时间维度来看,气候正义涉及当代人与后代之间公平享有气候容量的问题,因而存在代际权利义务关系问题。这一权利义务关系,从消极方面看,体现为当代人如何约束自己的行为来保护地球气候系统,以将同等质量的气候系统交给后代;从积极方面看,体现为当代人为自己及后代设定义务。就代际公平而言,地球上的自然资源在代际分配问题上应实现代际共享,避免"生态赤字"。因为,地球这个行星上的自然资源包括气候资源,是人类所有成员,包括上一代、这一代和下一代,共同享有和掌管的。我们这一代既是受益人,有权使用并受益于地球,又是受托人,为下一代掌管地球。我们作为地球的受托管理人,对子孙后代负有道德义务。实际上,气候变化公约或协定把长期目标设定为保护气候系统免受人为原因引起的温室气体排放导致的干扰,其目的正是为了保护地球气候系统,这是符合后代利益的。至少从我们当代人已有的科学认识来看,气候正义的本质是为了保护后代的利益,而非为其设定义务。

总之,气候正义既有空间的维度,也有时间的维度,既涉及国际公平和国内公平,也涉及代际公平和代内公平。因此,气候正义的内涵是:所有国家、地区和个人都有平等地使用、享受气候容量的权利,也应公平地分担稳定气候系统的义务和成本。

(摘编自曹明德《中国参与国际气候治理的法律立场和策略:以气候正义为视角》)

1. 下列关于原文内容的理解和分析,正确的一项是(3分)

A. 为了应对气候变化,非政府组织承袭环境正义运动的精神,提出了气候正义。

B. 与气候变化有关的国际公平和国内公平问题,实际上就是限制排放的问题。

C. 气候正义中的义务问题,是指我们对后代负有义务,而且要为后代设定义务。

D. 已有的科学认识和对利益分配的认识都会影响我们对气候正义内涵的理解。

【试题答案】D

【命题立意】本题考查理解并分析文章内容的能力。能力层级为B级。

【试题解析】A项相关信息源自文中第一段。原文"一些非政府组织承袭环境正义运动的精神,开始对气候变化的影响进行伦理审视,气候正义便应运而生"。这里只是说明了气候正义产生的背景,并没有指出"气候正义"是非政府组织提出来的。"非政府组织承袭环境正义运动的精神,提出了气候正义"的表述,犯了"无中生有"的错误;B项相关信息源自文中第二段中的"比如说,鉴于全球排放空间有限,而发达国家已实现工业化,在分配排放空间时,就应首先满足发展中国家在衣食住行和公共基础设施建设等方面的基本发展需求,同时遏制在满足基本需求之上的奢侈排放",由"比如"可看出,"限制排放"应是其中的一个问题。"实际上就是限制排放的问题"表述不当,把国际国内公平问题,粗暴地归纳为"限制排放",犯了"以偏概全"的错误;C项相关信息源自文中第三段。原文说的是"气候正义的本质是为了保护代的利益,而非为其设定义务"与选项"而且要为后代设定义务"相悖,原句是并列关系,选项变为递进关系,不合逻辑,表述错误。

2.下列对原文论证的相关分析,不正确的一项是(3分)

A.文章从两个维度审视气候正义,并较为深入地阐述了后一维度的两个方面。

B.文章以气候容量有限为立论前提,并由此指向了气候方面的社会正义问题。

C.文章在论证中以大量篇幅阐述代际公平,彰显了立足未来的气候正义立场。

D.对于气候正义,文章先交代背景,接着逐层分析,最后梳理出了它的内涵。

【试题答案】C

【命题立意】本题考查分析文章论点、论据和论证方法的能力。能力层级为分析综合C。

【试题解析】"立足未来的气候正义立场"表述错误。根据原文第三段"从积极方面看,体现为当代人为自己及后代设定义务",可见当代人不仅立足未来,还立足现在,属以偏概全。

3.根据原文内容,下列说法不正确的一项是(3分)

A.如果气候容量无限,就不必对气候变化进行伦理审视、讨论气候的正义问题。

B. 如果气候变化公约或协定的长期目标能落实,那么后代需求就可以得到保证。

C. 只有每个人都控制"碳足迹",从而实现了代际共享,才能避免"生态赤字"。

D. 气候容量的公平享有是很复杂的问题,气候正义只是理解该问题的一种视角。

【试题答案】B

【命题立意】分析概括作者在文中的观点态度。能力层级为分析综合C级。

【试题解析】根据原文第三段"其目的正是为了保护地球气候系统,这是符合后代利益的"可知,"那么后代需求就可以得到保证"夸大其词,说法过于绝对。

(二)文学类文本阅读(本题共3小题,14分)

阅读下面的文字,完成4~6题。

天嚣　　赵长天

风,像浪一样,梗着头向钢架房冲撞。钢架房,便发疟疾般地一阵阵战栗、摇晃,像是随时都要散架。

渴!难忍难挨的渴,使人的思想退化得十分简单、十分原始。欲望,分解成最简单的元素:水!只要有一杯水,哪怕半杯,不,一口也好哇!

空气失去了气体的性质,像液体,厚重而凝滞。粉尘,被风化成的极细小的砂粒,从昏天黑地的旷野钻入小屋,在人的五脏六腑间自由遨游。它无情地和人体争夺着仅有的一点水分。

他躺着,喉头有梗阻感,他怀疑粉尘已经在食道结成硬块,会不会引起别的疾病,比如硅肺?但他懒得想下去。疾病的威胁,似乎已退得十分遥远。

他闭上眼,调整头部姿势,让左耳朵不受任何阻碍,他左耳听力比右耳强。

风声,丝毫没有减弱的趋势。

他仍然充满希望地倾听。

基地首长一定牵挂着这支小试验队，但无能为力，远隔一百公里，运水车不能出动，直升机无法起飞，在狂虐的大自然面前，人暂时还只能居于屈从的地位。

他不想再费劲去听了。目前最明智的，也许就是进入半昏迷状态，减少消耗，最大限度地保存体力。

于是，这间屋子，便沉入无生命状态⋯⋯

忽然，处于混沌状态的他，像被雷电击中，浑身一震。一种声音！他转过头，他相信左耳的听觉，没错，滤去风声、沙声、钢架呻吟声、铁皮震颤声，还有一种虽然微弱，却执着，并带节奏的敲击声。

"有人敲门！"他喊起来。

遭雷击了，都遭雷击了，一个个全从床上跳起，跌跌撞撞，竟全扑到门口。

真真切切，有人敲门。谁？当然不可能是运水车，运水车会揿喇叭。微弱的敲门声已经明白无误地告诉大家：不是来救他们的天神，而是需要他们援救的弱者。

人的生命力，也许是最尖端的科研项目，远比上天的导弹玄秘。如果破门而入的是一队救援大军，屋里这几个人准兴奋得瘫倒在地。而此刻，个个都像喝足了人参汤。

"桌子上有资料没有？当心被风卷出去！"

"门别开得太大！"

"找根棍子撑住！"

每个人都找到了合适的位置，摆好了下死力的姿势。

他朝后看看。"开啦！"撤掉顶门棍，他慢慢移动门闩。

门闩吱吱叫着，痛苦地撤离自己的岗位。当门闩终于脱离了销眼，那门，便呼地弹开来，紧接着，从门外滚进灰扑扑一团什么东西和打得脸生疼的砂砾石块，屋里霎时一片混乱，像回到神话中的史前状态。

"快，关门！"他喊，却喊不出声。但不用喊，谁都调动了每个细胞的力量。

门终于关上了，一伙人，都顺门板滑到地上，瘫成一堆稀泥。

谁也不作声，谁也不想动，直到桌上亮起一盏暗淡的马灯，大家才记起滚进来的那团灰扑扑的东西。

是个人,马灯就是这人点亮的。穿着毡袍,说着谁也听不懂的蒙语。他知道别人听不懂,所以不多说,便动手解皮口袋。

西瓜!从皮口袋里滚出来的,竟是大西瓜!绿生生,油津津,像是刚从藤上摘下,有一只还带着一片叶儿呢!

戈壁滩有好西瓜,西瓜能一直吃到冬天,这不稀罕。稀罕的是现在,当一口水都成了奢侈品的时候,谁还敢想西瓜!

蒙古族同胞利索地剖开西瓜,红红的汁水,顺着刀把滴滴答答淌,馋人极了!

应该是平生吃过的最甜最美的西瓜,但谁也说不出味来,谁都不知道,那几块西瓜是怎么落进肚子里去的。

至于送西瓜人是怎么冲破风沙,奇迹般的来到这里,最终也没弄清,因为谁也听不懂蒙语。只好让它成为一个美好的谜,永久地留在记忆中。(有删改)

4. 下列对小说相关内容和艺术特色的分析鉴赏,不正确的一项是(3分)

A. 小说开头不仅形象地描写了风沙的狂暴,也细致地表现了人物的直觉印象与切身感受,烘托并渲染了"天罚"的恐怖气氛。

B. 被困队员身陷绝境却调动起所有能量开门救助敲门人,送瓜人在被困队员生死关头奇迹般的出现,这都说明生命奇迹无法解释。

C. 小说善于运用细节表现人物,开门前试验队员一句"桌子上有资料没有? 当心被风卷进去",就体现了科研工作者高度的责任意识。

D. 试验队被困队员与素不相识的送瓜人之间的故事,不仅令人感动,还揭示出一个朴素而有意味的人生道理:帮助别人,也是帮助自己。

【试题答案】B

【命题立意】本题综合考查分析文章内容和鉴赏文章艺术特色的能力。能力层级为分析综合C级。

【试题解析】"被困队员身陷绝境却调动起所有能量开门救助敲门人",反映出被困队员在强烈救人意念的驱动下迸发顽强的意志力;而"送瓜人在被困队员生死关头奇迹般的出现",则反映出蒙古族同胞对基地试验队员的支持、救助,彰显的是热诚和善良。可见,两者说明的应是生命力的强大和人性的美好,而不是"生命奇迹无法解释"。

5. 小说以"渴"为中心谋篇布局,这有什么好处?请简要说明。(5分)

【试题答案】①省去许多不必要的叙述交代,使情节更简洁;②集中描写人物在特定环境下的状态与感受,使主题更突出。

【命题立意】本题考查情节安排的技巧。赏析作品的内涵,领悟作品的艺术魅力。能力层级为鉴赏评价D级。

【试题解析】本题考查情节安排的技巧。可以从情节、人物形象和主题三个角度答题。

6. 小说以一个没有谜底的"美好的谜"结尾,这样处理有怎样的艺术效果?请结合作品进行分析。(6分)

【试题答案】①小说人物"他"所知有限,这样写很真实;②故事戛然而止,强化了小说的神秘氛围;③打破读者的心理预期,给读者留下了更多想象回味的空间。

【命题立意】本题考查赏析作品艺术效果的能力。能力层级为分析综合C级。

【试题解析】本题是针对小说的结尾设题,先明确结尾的形式,再从结尾本身的作用、情节上的作用、情感上的作用、主旨上的作用等几个角度答题。

(三)实用类文本阅读。(本题共3小题,12分)
阅读下面的文字,完成7~9题。
材料一:
2011年1月1日8点整,中央电视台纪录频道正式开播,信号覆盖全球,作为中国第一个国家级的专业纪录片频道,也是第一个从开播之始就面向全球采用双语播出的频道,它向世人亮出了拥有人文精神的中国影像。央视纪录频道在内容编排上进行了详细的规划,主要呈现四大主体内容,六大主题时段的播出特点,以期达到规模化的播出效应。央视纪录频道同时采用国际纪录片频道的进行方式,淡化栏目概念,强化大时段编排,以主题化、系列化和播出季的方式,提升自身的影响力和美誉度。

(摘编自杨玉洁等《真实聚焦:2010～2011中国纪录片频道运营与纪录片产业发展记录》)

材料二:

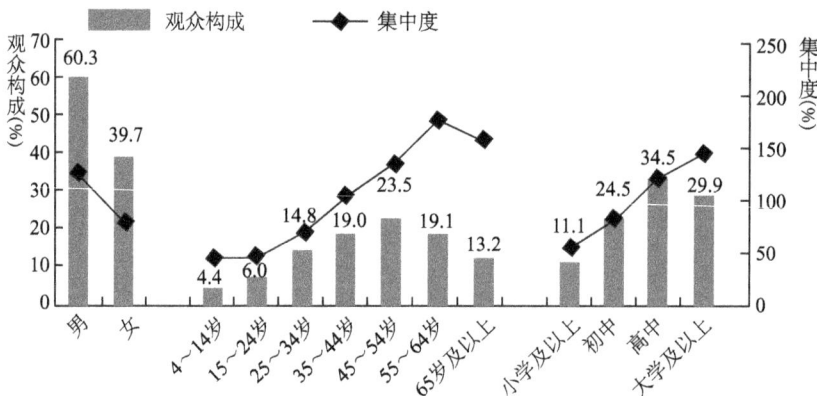

2011年中央电视台纪录频道在71个大中城市的观众构成和集中度

(资料来源于中国广视索福瑞媒介研究)

注:观众构成反映的是收视人群的构成,回答了"谁在看频道"的问题,集中度是目标观众收视率与总体观众收视率的比值,表示的是目标观众相对于总体观众的收视集中程度,能够回答"谁更喜欢收看这个频道"的问题;集中度的比值大于100%,表示该类目标观众的收视倾向高于平均水平。

材料三:

在制播运营模式方面,央视纪录频道实行的是频道化运营模式。央视是纪录片的主要制作基地。制作出的精品节目数量众多。当然,频道化运营模式也有其自身的劣势。劣势在于频道可以调动的资源非常有限,其融资渠道、产品设计、人财物资源调度都会受到种种限制。央视纪录频道目前正积极推进制播分离模式,节目制作以社会招标、联合制作、购买作为主要方式,并辅以自制精品,为建立较为健全的制作管理模式做好准备。

(摘编自张同道等《2011年国家纪录片频道发展报告(下)》)

材料四:

总部位于美国首都华盛顿的国家地理频道是一个全球性的付费有线

电视网,目前,国家地理频道已经以34种语言转播至全球166个国家和地区逾2亿9千万用户,作为一个纯纪录片频道能够取得如此卓越的成就,除了高质量、高观赏性的节目内容之外,与其频道自身的制播运营模式是分不开的,其制播运营模式如下:有线电视系统是在地方政府的批准下由有线电视系统运营商投资建立的,有线电视系统直接面向订户收取费用,有线电视系统运营商是指拥有并运营有线电视系统的企业实体,有线电视节目提供商为有线电视系统运营商提供节目,具体到国家地理频道而言,美国国家地理电视公司以及其他渠道承担提供片源的任务,国家地理频道承担的是节目制作等任务,即让来自国家地理电视公司等渠道的单个的片源变成有机结合的整体,适于在电视上播放;康卡斯特电信公司作为有线电视系统运营商,则承担把电视信号传送到千家万户的电视机上的技术性播出任务。

(摘编自楚慧萍《多元延伸,有机互动——美国国家地理频道运营模式初探》)

7.下列对材料相关内容的梳理,不正确的一项是(3分)

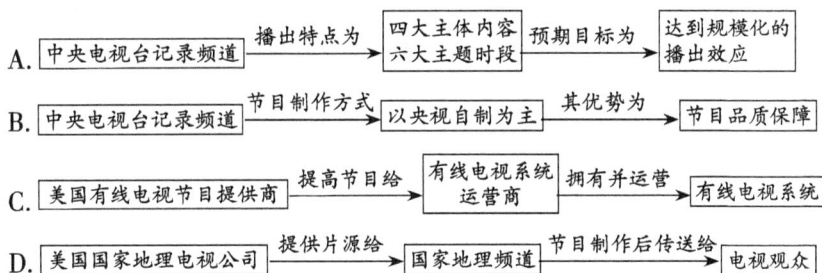

A. 中央电视台记录频道 —播出特点为→ 四大主体内容 六大主题时段 —预期目标为→ 达到规模化的播出效应

B. 中央电视台记录频道 —节目制作方式→ 以央视自制为主 —其优势为→ 节目品质保障

C. 美国有线电视节目提供商 —提高节目给→ 有线电视系统运营商 —拥有并运营→ 有线电视系统

D. 美国国家地理电视公司 —提供片源给→ 国家地理频道 —节目制作后传送给→ 电视观众

【试题答案】D

【命题立意】本题考查筛选并整合文中的信息,分析作品体裁的基本特征和主要表现手法。能力层级为分析综合C级。

【试题解析】由材料四可知,国家地理频道承担的是节目制作等任务,而负责把节目传送给电视观众的是有线电视节目系统运营商康卡斯特电信公司。

8.下列对材料相关内容的概括和分析,正确的两项是(5分)

A. 中央电视台记录频道在内容编辑上进行了认真详细的规划,以期将来能够呈现出主题化、系列化的节目播出方式。

B. 根据材料二中性别、年龄、学历这三项,我们能够了解到中央电视台纪录频道的观众构成和集中度的基本情况。

C. 2011年,在71个大中城市的观众调查中,中央电视电台纪录频道观众构成最高的三类人群分别是:男性、45～54岁以及高中学历。

D. 根据材料二可知,随着目标观众年龄的增加以及学历的增高,集中度的比值也在不断地攀升。

E. 美国国家地理频道的制作管理模式比较健全,它在融资渠道、产品设计、人财物资源调度方面不存在受到限制的问题。

【试题答案】B、C

【命题立意】本题考查理解材料内容,筛选并整合文中信息的能力。能力层级为C级。

【试题解析】A项原文为"央视纪录频道在内容编排上进行了详细的规划……以期达到规模化的播出效应。央视纪录频道同时……以主题化、系列化和播出季的方式,提升自身的影响力和美誉度",选项中"主题化、系列化"表述错误,这只是播出的方式,而非目的,应是以期达到规模化的播出效应。

D项由图表可知,目标观众年龄增加,但其比例没有增加;学历增高,比值也不一定增加,大学及以上的比值比高中低,因此该选项中"也在不断地攀升"的表述有误。E项"它在融资渠道、产品设计、人财物资源调度方面不存在受到限制的问题"于文无据。

9. 根据上述材料,概括说明中央电视台纪录频道开播初期与美国国家地理频道在制播运营模式方面的不同。(4分)

【试题答案】①中央电视台纪录频道开播初期采用的是频道化运营模式,央视是纪录片的主要制作基地。②美国国家地理频道采用的是制播分离的运营模式,节目的制作与播出相对分离。

【命题立意】本题考查分析概括相关内容的能力。能力层级为C级。

【试题解析】先审清题干要求,明确三点:一是比较对象为"在制播运营模式方面的不同",二是比较时间为"中央电视台纪录频道开播初期"与"美国国家地理频道全期"的比较,三是需要"概括说明"。然后找到"中央电视台纪录频道开播初期"与"美国国家地理频道全期"的信息区域,概括两者不同。由第三则材料中的"在制播运营模式方面,央视纪录频道实行的是频道化运营模式。央视是纪录片的主要制作基地",可以得出中央电视台纪录频道开播初期的运营模式;由第四则材料中的"其制播运营模式如下:有线电视系统是在地方政府的批准下由有线电视系统运营商投资建立的……则承担把电视信号传送到千家万户的电视机上的技术性播出任务",可以得出美国国家地理频道的运营模式。

二、古代诗文阅读(35分)。

(一)文言文阅读(本题共4小题,19分)。

阅读下面的文言文,完成10~13题。

谢弘微,陈郡阳夏人也,父恩,武昌太守。从叔峻,司空琰第二子也,无后,以弘微为嗣,弘微本名密,犯所继内讳,故以字行,童幼时精神端审时然后言所继叔父混名知人见而异之谓思目此儿深中凤敏方成佳器有子如此足矣,弘微家素贫俭,而所继丰泰,唯受书数千卷,遗财禄秩,一不关豫。混风格高峻,少所交纳,唯与族子灵运、瞻、曜、弘微并以文义赏会,尝共宴处,居在乌衣巷,故谓之乌衣之游。瞻等才辞辩富,弘微每以约言服之,混特所敬贵,号曰微子,义熙八年,混以刘毅党见诛,妻晋陵公主以混家事委以弘微。弘微经纪生业,事若在公,一钱尺帛出入,皆有文簿。高祖受命,晋陵公主降为东乡君。自混亡,至是九载,而室宇修整,仓廪充盈,门徒业使,不异平日,田畴垦辟,有加于旧,中外姻亲,道俗义旧,入门莫不叹息,或为之涕流,感弘微之义也。性严正,举止必循礼度。事继亲之党,恭谨过常。太祖镇江陵,弘微为文学。母忧去职,居丧以孝称,服阕逾年,菜蔬不改。兄曜历御史中丞,元嘉四年卒。弘微蔬食积时,哀戚过礼,服虽除,犹不啖鱼肉。弘微少孤,事兄如父,兄弟友穆之至,举世莫及也。弘微口不言人短长,而曜好臧否人物,曜每言论,弘微常以它语乱之。九年,东乡君薨,资财钜万,园宅十余所,奴僮犹有数百人,弘微一无所取,自以私禄营葬。曰:"亲戚争财,为鄙之甚。今分多共少,不至有乏,身死之后,岂复见关。"十年,卒,时年四十二,上甚痛惜之,使二卫千人营毕葬事,追赠太常。

(节选自《宋书·谢弘微传》)

10.下列对文中画波浪线部分的断句,正确的一项是(3分)

A.童幼时/精神端审/时然后言/所继叔父混名知人/见而异之/谓思曰/此儿深中凤敏方成/佳器有子如此/足矣/

B.童幼时/精神端审/时然后言所继叔父/混名知人/见而异之/谓思曰/此儿深中凤敏/方成佳器/有子如此/足矣/

C.童幼时/精神端审/时然后言所继叔父/混名知人/见而异之/谓思曰/此儿深中凤敏方成/佳器有子如此/足矣/

D.童幼时/精神端审/时然后言/所继叔父混名知人/见而异之/谓思曰/此儿深中凤敏/方成佳器/有子如此/足矣/

【试题答案】D

【命题立意】本题考查文言断句的能力。能力层级为B级。

【试题解析】文言断句,首先要联系上下文,理解句子大意。本句大意是:(谢弘微)童年时代精神端庄谨慎,时机适当才开口说话。过继后的叔叔谢混很有名气,见到他后认为他很不平凡,对谢思说:"这孩子内心廉正机敏,将成为优秀人才,有这样一个儿子也就足够了。"其次,学会抓住关键虚词"之""曰"进行断句。还可通过找一些名词与动词来组句,若名词作主语,则在其前断开,如:"所继叔夫混",作主语,应在前断开;若名词省略了,则要补主语,如"方成"前补充"谢弘微";"见""谓"动词前应断开。也可通过比较句式来断句,谢混的话中,"深中凤敏""方成佳器"句式齐整可断开。"足矣"是感叹语气的短语,应单独提出来。最后反复诵读,看断句后内容是否合理,看断句后意义是否连贯,以检查验证断句的正确性。

11.下列对文中加点词语的相关内容的解说,不正确的一项是(3分)

A.以字行,是指在古代社会生活中,某人的字得以通行使用,他的名反而不常用。

B.姻亲,指由于婚姻关系结成的亲戚,它与血亲有同有异,只是血亲中的一部分。

C.母忧是指母亲的丧事,古代官员遭逢父母去世时,按照规定需要离职居家守丧。

D.私禄中的"禄"指俸禄,即古代官员的薪水,这里强调未用东乡君家钱财营葬。

【试题答案】B

【命题立意】考查了解并掌握常见的古代文化知识的能力。能力层级为B级。

【试题解析】对于文化常识类题目,考生必须有一定的知识储备才能顺利完成,有时也可以根据文本意思进行推断。B项"它与血亲有同有异,只是血亲中的一部分"说法错误。姻亲与血亲不同,姻亲是和自己通过婚姻关系结成的亲属,血亲是和自己基于血缘关系结成的亲属。

12.下列对原文有关内容的概括和分析,不正确的一项是(3分)

A.弘微出继从叔,一心只爱读书。他是陈郡阳夏人,从叔谢峻将他作为后嗣。新家比原来家庭富有,但他只是接受数千卷书籍,其余财物全不留意。

B.弘微简言服众,此举受到重视,他参与集会,常与子弟们诗文唱和,住在乌衣巷,称为乌衣之游;又极有文才口才,受到叔父谢混赏识,称为微子。

C.弘微为人审慎,治业井井有条。谢混去世以后,他掌管产业,犹如替公家办事,账目分明;九年以后,多个方面得到很大发展,人们见后无不感叹。

D.弘微事兄如父,临财清正廉洁。他对谢曜感情极深,谢曜去世,他哀戚过礼,除孝后仍不食荤腥。东乡君死,留下巨万资财、园宅,他一无所取。

【试题答案】B

【命题立意】考查归纳内容要点,概括中心意思的能力。能力层级为C级。

【试题解析】B项错误,根据原文"混风格高峻,少所交纳,唯与族子灵运、瞻、曜、弘微并以文义赏会,尝共宴处,居在乌衣巷,故谓之乌衣之游"可知:是谢混与弟子们因赏析文义而聚会,住在乌衣巷的不是谢弘微而是谢混。属张冠李戴。

13.把文中画横线的句子翻译成现代汉语。(10分)

(1)性严正,举止必循礼度,事继亲之党,恭谨过常。

【试题答案】(弘微)品性严肃正直,行为坚持遵守礼制法度,事奉过继家的亲族,恭敬谨慎超过常礼。

【命题立意】本题考查理解并翻译文中句子的能力。能力层级为理解B级。

【试题解析】翻译文言句子,要找出每一句的得分点。第一句中,4个重点实词4分,语意连贯1分。循:顺着、合乎;事:名词活用为动词,侍奉;党:亲族、家人;过:超过。

(2)而曜好臧否人物,曜每言论,弘微常以它语乱之。

【试题答案】而谢曜喜爱褒贬人物,谢曜每每发表议论,弘微常说其他的事岔开话头。

【命题立意】本题考查理解并翻译文中句子的能力。能力层级为理解B级。

【试题解析】第二句中,得分点是实词"臧否""言论""乱",虚词"以"。
臧否:褒贬、评论;言论:名词活用为动词,发表言论;乱:使动用法,"使……乱",此处可引申为"岔开";以:介词"用"的意思。

【参考译文】

谢弘微,是陈郡阳夏人。父亲叫谢思,任武昌太守。堂叔谢峻,是司空谢琰的第二个儿子,谢峻自己无子,就以谢弘微为继子。谢弘微本名密,因为犯了所过家中的忌讳,所以就以字行世。

谢弘微孩童时期,风采充溢,但却端庄谨慎,遇上适当的时机才说话,他继父的弟弟谢混有知人之名,见到谢弘微,认为他不同于寻常之人,谢混对谢思说:"这个孩子深沉早慧,将成为才行出众之人,有这样的儿子,满足了。"

谢弘微自己家里一向贫寒,而继父产业却很丰盈,他却只承继接受了继父的几千卷书而已,遗产俸禄,一概不加过问。

谢混的风格高尚峻洁,很少同人交往,只同他的族子谢灵运、谢瞻、谢翟、谢弘微等人因赏析文义而聚会,曾经一同游宴歇息,居住在乌衣巷,所以称之为乌衣之游。谢瞻等人才气横溢,机智善辩,文辞流畅,谢弘微每每以简约的言语使众人信服,谢混特别敬重他这一点,称他为微子。义熙八年,谢混因为是刘毅的同党被诛,公主便把谢混家事托付给谢弘微。谢弘微为谢混家经营生计,管理产业,办事如同在官府办公一般,一枚钱一尺帛收入支出,都有账册记载。谢弘微调任通直郎。高祖登上帝位之后,晋陵公主降为东乡君,因为谢混在前一朝代获罪,东乡君节义可嘉,高祖允许她回归谢氏。从谢混死,到这时已有九年,但谢混家屋宇整齐,仓廪充盈,仆人听从使唤,各有所业,和平常没有什么不同,田地的开垦种植,比原来更有增加。本族外姓的亲戚,朋友故旧,凡是来看东乡君回归的人,进门见到这么齐整的家境,没有谁不感慨叹息,甚至有人为之流泪,深为谢弘微的德义所感动。谢弘微生性谨严端方,举止必定遵循礼度,事奉继父的亲族,恭敬小心,超过常礼。太祖镇守江陵,以谢弘微为宜都王文学。谢弘微因为母亲去世离职,居丧期间以孝道著称,除服后超过一年,仍旧素食不变。谢弘微的兄长谢曜历任御史中丞,元嘉四年去世。谢弘微为他多时吃素食,哀戚超过常礼,虽然服丧期满,还是不吃鱼肉。谢弘微从小失去父母,事奉兄长如同事奉父亲,兄弟之间非常友爱和睦,当代没有人能够赶得上。谢弘微口中从不说别人坏话,而谢曜则喜欢评议人物,每当谢曜在言谈中涉及别人时,谢弘微就常用别的话题岔开。

元嘉九年,东乡君薨,留下资财非常多,园宅十余所,奴仆尚有数百人,而谢弘微一无所取,自己以私人官俸营办东乡君丧事。谢弘微说:"亲戚之间争夺财产,可算是最为鄙贱之事,现在财产多则分用,少则共用,不至于困乏就行了,身死之后,哪里还去管它。"元嘉十年去世,死时四十二岁。谢弘微死,皇上十分痛惜,派二卫千人营办丧事,一直到丧事完毕。朝廷追赠谢弘微为太常。

(二)古代诗歌阅读(本题共2小题,11分)。

阅读下面这首宋诗,完成14~15题。

礼部贡院阅进士就试 欧阳修

紫案焚香暖吹轻,广庭清晓席群英。

无哗战士衔枚勇,下笔春蚕食叶声。

乡里献贤先德行,朝廷列爵待公卿。

自惭衰病心神耗,赖有群公鉴裁精。

14.下列对这首诗的赏析,不恰当的两项是(5分)

A.诗的第一句写出了考场肃穆而怡人的环境,衬托出作者的喜悦心情。

　　B. 第三句重点在表现考生奋勇争先、一往无前,所以把他们比作战士。

　　C. 参加礼部考试的考生都由各地选送而来,道德品行是选送的首要依据。

　　D. 朝廷对考生寄予了殷切的期望,希望他们能够成长为国家的栋梁之材。

　　E. 作者承认自己体弱多病的事实,表示选材工作要依靠其他考官来完成。

【试题答案】B、E

【命题立意】本题考查鉴赏诗歌的形象、语言、主旨和表达技巧的能力。能力层级为鉴赏评价D级。

【试题解析】B项"无哗战士衔枚勇",无哗就是没有声,衔枚勇就是古代战士急行军为了赶路往往会在嘴上咬一块树枝,这实际上是战士行军过程的景象,而这里显然不是一个战场,不是实际真实的战场。实际上这是比喻,把考生们比喻成战士。E项作者承认自己体弱多病的事实,表示选材工作要依靠其他考官来完成。我们看最后两句"自惭衰病心神耗,赖有群公鉴裁精","自惭,自我感到很惭愧",惭愧什么呢? 就是欧阳修年纪很大了,惭愧自己心神不好,但好在有群公,也就是古代也有主考官和副考官的,阅卷不是一个人的事情,手下有一批官员:"赖有群公鉴裁精",就是说幸好有这些人鉴别人才。如果就字面意思来看有些人觉得E选项没有问题,这实际上,自惭不是说他真的很惭愧,不是真的身体不好完成不了这样一个重托,而是一个很谦虚的说法,所以这里说选材工作要依靠其他官员来完成,这是不对的,这个工作当然要由欧阳修本人监督完成的。要理解这句,就得了解中国传统文化。

　　15. 本诗的第四句"下笔春蚕食叶声"广受后世称道,请赏析这一句的精妙之处。(6分)

【试题答案】①用春蚕食叶描摹考场内考生落笔纸上的声响,生动贴切;②动中见静,越发见出考场的庄严寂静;③强化作者充满希望的喜悦之情。

【命题立意】本题考查鉴赏诗歌表达技巧的能力。能力层级为鉴赏评价

D级。

【试题解析】"下笔春蚕食叶声",先点出其修辞手法是比喻,把考生们在纸上答题写字的声音比喻成春蚕嚼食桑叶的声音,再表述其作用、效果:描写了考场上考生们紧张严肃答题的场景,也显示出来考生的才华横溢,答题速度快。

宋初的考试制度,大致承袭唐代,由州府举荐考生,入京应试,由礼部主持其事。此诗即以一员考官的身份写出他的见闻与感受。

从诗中可知,考试时间是在初春时节。首联着力渲染了礼部试的考场环境——群英毕至,贡院里肃穆幽静,试院中焚起了香,以消除人多的异味,且能增添祥瑞肃穆的气氛。颔联重点描绘士子答题情况,考生们大清早就入场了,没有一点喧闹嘈杂之声。试题下发后,考生奋笔疾书,一片沙沙沙的声音,好似春蚕在吃桑叶。颈联点明考试意义,国家栋梁之材将要从这些考生中脱颖而出。尾联作者自谦衰病,谆谆嘱托同僚,作为选拔人才的考官,应当具有慧眼,认真鉴别。诗中说自己老病,精神不济,阅卷挑选人才之事要拜托同仁,那是谦逊之辞。全诗透露出一种惜才爱才的真挚感情,也表达了要为国选出真才的责任感和使命感。

(三)名篇名句默写。(本题共1小题,5分)

16.补写出下列句子中的空缺部分。(5分)

(1)曹操《观沧海》中"_____,_____"两句描写了海水荡漾、峰峦矗立的景象。

(2)杜牧在《阿房宫赋》的结尾处感叹道,如果六国爱护自己的百姓,就足以抵抗秦国,紧接着说:"_____,_____,_____?"

【试题答案】(1)水何澹澹 山岛竦峙   (2)使秦复爱六国之人 则递三世可至万世而为君 谁得而族灭也

【命题立意】默写常见的名篇名句。能力层级为识记A级。

【试题解析】高考名篇名句需要识记技巧,更需要立足于对诗句的理解。在理解的基础上记得准、写得对、看得清。名句默写要注意字形,而字形与字义分不开,学生应借助字义来识记字形,注意重点字的写法,如"澹澹""竦峙""递"等需要理解字义去记忆。

三、语言文字运用(20分)

17.下列各句中加点成语的使用,全都不正确的一项是(3分)

①比赛过后,教练希望大家重整旗鼓,继续以高昂的士气、振奋的精神、最佳的竞技状态,在下一届赛事中再创佳绩。

②今年,公司加大公益广告创新力度,制作出一批画面清晰、意味深长的精品,有效发挥了公益广告引领社会风尚的积极作用。

③世界各国正大力研制实用的智能机器人,技术不断升级,创新产品层出不穷,未来有望在多领域、多行业发挥更大的作用。

④赵老师学的是冷门专业,当年毕业时,不少同学离开了该领域,而他守正不阿,坚持致力于该专业的教研工作,最后硕果累累。

⑤国家"一带一路"倡议的实施,给古丝绸之路的沿线城市带来了活力,很多城市对未来踌躇满志,跃跃欲试。

⑥目前,快递业已经成为一个不可忽视的行业,快递服务虽不能说万无一失,但的确为百姓生活提供了极大的便利。

A.①③⑥　　B.①④⑥　　C.②③⑤　　D.②④⑥

【试题答案】B

【命题立意】本题考查正确使用成语(包括熟语)的能力。能力层级为表达运用E级。

【试题解析】本题沿用去年的六选三模式,题干由选正确的改为了选不正确的一项,成语常见,但易混淆。解答此题首先要对成语的意思、用法等有一个全面的了解,然后要了解成语误用的常见类型,如不合语境、褒贬误用、对象误用、望文生义等,最后在语境中辨析成语的使用是否恰当,是否存在上述问题。本题①重整旗鼓中,重:重战;整:整顿,整治;旗鼓:古代作战时用来发号令的旌旗和战鼓,用以代表军事力量,比喻失败或受挫后重新整顿组织力量,也作"重振旗鼓"。与"再创佳绩"相矛盾。②意味深长中,意味:情调,趣味。意思是含蓄深远,耐人寻味。符合语境。③层出不穷中,层:重复;穷:尽。意思是接连不断地出现,没有穷尽。符合语境。④守正不阿中,正:公正;阿:偏袒。处理事情公平正直,不讲情面。不符合语境。⑤踌躇满志中,踌躇:从容自得的样子;满:满足;志:志愿。形容对自己取得的成就非常得意。符合语境。⑥万无一失中,失:差错。指非常有把握,绝对不会出差错。常与易丢失或者易出错的事物搭配使用。不符合语境。

18.下列各句中,没有语病的一句是(3分)

A.根据本报和部分出版机构联合开展的调查显示,儿童的阅读启蒙集中在1～2岁之间,并且阅读时长是随着年龄的增长而增加的。

B.为了培养学生关心他人的美德,我们学校决定组织开展义工服务活动,三个月内要求每名学生完成20个小时的义工服务。

C.在互联网时代,各领域发展都需要速度更快、成本更低的信息网络,网络提速降费能够推动"互联网+"快速发展和企业广泛收益。

D.面对经济全球化带来的机遇和挑战,正确的选择是,充分利用一切机遇,合作一切挑战,引导好经济全球化走向。

【试题答案】D

【命题立意】本题考查辨析语病的能力。能力层级为表达运用E级。

【试题解析】A项"根据本报和部分出版机构联合开展的调查显示"句式杂糅,可改为"根据……的调查"或"……的调查显示";B项"三个月内要求每名学生完成"语序不当,可改为"要求每名学生三个月内完成";C项"推动"和"企业广泛收益"搭配不当,可改为"推动'互联网+'快速发展,使企业广泛受益"。

19.下列各句中,表达得体的一句是(3分)

A.真是事出意外!舍弟太过顽皮,碰碎了您家这么贵重的花瓶,敬请原谅,我们一定照价赔偿。

B.他的书法龙飞凤舞,引来一片赞叹,但落款确出了差错,一时又无法弥补,只好连声道歉:"献丑,献丑!"

C.他是我最信任的朋友,头脑灵活,处事周到,每次我遇到难题写信垂询,都能得到很有启发的回复。

D.我妻子和郭教授的内人是多年的闺蜜,她俩经常一起逛街、一起旅游,话多得似乎永远都说不完。

【试题答案】A

【命题立意】本题考查学生语言表达得体的能力。能力层级为表达运用

E级。

【试题解析】B项,根据前文"落款出错,一时又无法弥补""连声道歉"这个语境,"献丑"不符合语境,献丑是谦辞,在展示作品或演出时,称自己水平不高。不是道歉语;C项,垂询:敬语,多用于尊称长辈、上级。用于此处主客颠倒,因此错误;D项,内人:屋内之人的意思。过去用以对他人称自己的妻子。书面语也称内人、内助。此句是说郭教授的妻子,用错对象。

20.在下面一段文字横线处补写恰当的语句,使整段文字语意完整连贯,内容贴切,逻辑严密。每处不超过15个字。(6分)

药品可以帮我们预防、治疗疾病,但若使用不当,_____①_____。以口服药为例,药物进入胃肠道后逐渐被吸收进血液,随着时间推移,_____②_____。当药物浓度高于某一数值时就开始发挥疗效。然而,_____③_____,超过一定限度就可能产生毒性,危害身体健康。

【试题答案】①也可能对身体产生损害 ②血液中药物浓度会逐渐升高 ③药物浓度并不是越高越好

【命题立意】本题考查补写句子及语言表达简明、连贯、准确的能力。能力层级为表达运用E级。

【试题解析】解题时,要纵观整个语段,把握文段核心话题,依据相关提示,结合具体语境,进行准确补写。要求语意连贯,逻辑严密,还要注意字数的限制。这里谈的话题是药物的使用,①处,根据横线前"药品可以帮助我们预防、治疗疾病""若使用不当"可以推断出此处填写表示"就有可能对人体(健康)造成伤害"意思的句子;②处,根据横线前"逐渐被吸收进血液""随着时间推移"和横线后"药物浓度高于某一数值"可以推断出此处填写表示"血液中药物浓度越来越高"意思的句子;③处,根据横线前"然而"和横线后"超过一定限度,就可能产生毒性,危害身体健康",可以推断出此处填写表示"药物浓度不是越高越好"意思的句子。

21.下面文段有三处推断存在问题,请参照①的方式。说明另外两处问题。(5分)

高考之后,我们将面临大学专业的选择问题,如果有机会,我要选择工科方面的专业,因为只有学了工科才能激发强烈的好奇心,培养探索未知事物的兴趣,而有了浓厚的兴趣,必将取得好成绩,毕业后也就一定能很好地适应社会需要。

①不是只有学了工科才能激发好奇心。

②_____。

③_____。

【试题答案】②不是有兴趣就一定会取得好成绩　③不是成绩好毕业后就一定能很好地适应社会需要

【命题立意】本题考查语言表达简明、连贯、准确的能力。能力层级为表达运用E级。

【试题解析】本题主要根据上下文逻辑来填写,文段主要谈大学生选择专业时选择工科的好处。首先要找到文段的逻辑推断,然后确定分析对象,最后明确②③处的内容。根据示例可以知道,①处的"不是只有学了工科才能激发好奇心"是对"只有学了工科才能激发强烈的好奇心"的否定,由此分析,文段中"有了浓厚的兴趣,必将取得好成绩""毕业后一定能很好适应社会需要"推断存在问题,犯了说法过于绝对的错误,由推断的条件,并不一定能得出所推断的结果。仿照①的表达方式,拟出答案。同时注意,文段逻辑是层层推进的,因此第③空要涵盖前文的"好成绩"。

四、写作(60分)

22. 阅读下面的材料,根据要求写作。(60分)

据近期一项对来华留学生的调查,他们较为关注的"中国关键词"有:一带一路、大熊猫、广场舞、中华美食、长城、共享单车、京剧、空气污染、美丽乡村、食品安全、高铁、移动支付。

请从中选择两三个关键词来呈现你所认识的中国,写一篇文章帮助外国青年读懂中国。要求选好关键词,使之形成有机的关联;选好角度,明确文体,自拟标题;不要套作,不得抄袭;不少于800字。

【材料解读】

通观此题,我们非常容易看出今年的作文题大大增加了与现实生活的直接关联,让考生根据时事关键词向外国青年呈现中国。这个题目要求考生跳出为作文而作文的老路、套路,积极关注和深入思考社会问题,走出小我,关注身边的社会生活,关注国家和民族的发展,充分体现了文章为时而作、为事而作的经世致用思想。

命题体现了坚持以学生为本,接地气、有生气、时代感强,将"呈现你所认识的中国"作为明确指令,鼓励考生从所知所学所感出发,在对宏大话题的把握中,感性叙说,理性思辨,畅所欲言,"讲好中国故事";引导考生用中国梦激扬青春梦,关心现实国情与改革发展,展示他们的理想信念、精神状态与综合素质。

材料也鲜明地为考生提供了写作的"抓手"——十二个"中国关键词",让考生"从中选择两三个关键词"自由组合,尊重考生意愿,激发考生的写作欲望,让每一个考生有话可说,抒真情,写实感。比如考生可由"高铁""移动支付"谈谈现代开放的高科技中国,由"长城""京剧"讲讲拥有古老文明的传统中国,由"共享单车""移动支付"聊聊生机勃勃的时尚中国或新生事物层出不穷的互联网中国,由"中华美食""广场舞"说说好玩的中国或热情的中国。另外,还可以将传统的国粹"京剧"与时下流行的"广场舞"并置而观,将文化悠久的"中华美食"与"食品安全"的严峻现实作勾连,也可以将古时的"长城"与当下的"一带一路"相互对照……凡此种种,都可能写出上佳的文章。每一个关键词都是中国的缩影和表征,它们之间既存在着丰富的张力和层叠的思辨空间,又共同构成了多样而立体的中国。

写作要求中,"写一篇文章帮助外国青年读懂中国"也是命题的核心所在。它既是"任务驱动"的指令,也是"具体思辨"的语境。这里,作为写作预设对象的"外国青年"属于泛指。考生可想象自己面向全体侃侃而谈,也可预设某一个或某一类外国青年与之对话。优秀的文章应该有针对性地面对预设的读者写作,寻求共识乃至注意话语策略。"读懂"可理解为从茫然无知到初步了解,也可理解为从不全面到更全面的了解,如何理解并落实"帮助外国青年读懂中国",则与预设的读者类型相关,也会影响立意的深度、写作的难度。

此外,命题要求明确文体,而不限制考生文体,只要能"呈现你所认识的中国",且能"帮助外国青年读懂中国",论述类、叙述类乃至说明、抒情类的文体都可以自由选择,只要在写作中能体现所选文体的特征就行。

三、对2018年高考语文备考复习的启示

2017年高考语文全国I卷传递出强烈的革新讯息,2018年怎么考? 如何应对? 这就需要我们一线教师先从思想上高度重视这些变化,吃透新考纲的精神内涵,方能在教学实践中未雨绸缪,从容不迫,有效指导学生科学备考。如果非要提点建议的话,暂拟2018"一二三四五"计划,以供各位同仁资鉴。

(一)认清一套体系

2017年我国高考语文改革在考试内容方面有了新进展,提出了新的考查理念,主要是考试内容的整体设计和科学构建,初步形成了"一体四层四翼"的高考评价体系。

所谓"一体",指高考评价体系代表着我国现阶段高考改革的核心立场。"立德树人"是我国教育的根本任务,"服务选拔"意味着高考的基本功能是服务于高校选拔合格新生,"导向教学"则是希望对中学教学发挥良好的"指挥棒"作用,实际上是解决高考的功能定位即"为什么考"的问题。"四层"指"必备知识、关键能力、学科素养、核心价值"四个层级的考查目标,解决高考考试内容即"考什么"的问题。"四翼"指"基础性、综合性、应用性、创新性","四翼"作为高考的价值导向和考查要求,解决"怎么考"的问题。

"四层"表现在语文上,就是要结合语文核心素养和《普通高中语文课程标准》,设定语文高考考查目标。语文学科的"必备知识"应指学生长期学习的知识储备中的基础性、通用性知识,体现语文学科的工具性、人文性、综合性与实践性,如语言文字、文学审美、人文素养等,是高中生今后进入大学学习以及终身学习必须掌握的,绝不能离开知识空谈能力培养。"关键能力"既包括识字写字能力、阅读鉴赏能力、表达交流能力等语言文字运用能力,也包括逻辑思维能力、独立思考能力、分析问题和解决问题等创造性能力。"学科素养"要求学生能够在不同情境下,综合运用所学语文知识和技能处理实际问题,包括语文学习的正确方法和良好习惯,对母语的崇敬与热爱,丰富的想象力和强烈的创新欲望等语文综合素养。"核心价值"则要求学生能在语文知识积累、语文能力提升和语文素养形成的过程中,逐步树立正确的核心价值观,体现语文高考立德树人的使命,增强社会责任感,充分发挥高考的育人功能和价值导向。

"四翼"则是从国家人才强国战略出发,结合高校人才选拔需求提出的要

求,既是对未来发展所需应用型和创新型人才的基本要求,又是高校选拔新生的共性需求。"基础性"要求学生具备适应大学学习或社会发展的基础知识、基本能力和基本素养,包括全面合理的知识结构、扎实灵活的能力要求和健康健全的人格素养。"综合性"要求学生能够综合运用语言、文学、文化知识、思想方法,多角度观察、思考,发现、分析和解决问题。"应用性"要求学生能够善于观察现象、主动灵活地应用所学语文知识分析和解决实际问题,学以致用,具备较强的理论联系实际能力和实践能力。"创新性"要求学生在阅读和表达方面具有独立思考能力,具备批判性和创新性的思维方式。创造力的基础是要站在前人的肩膀上用自己的头脑思考。

(二)重视两个研究

1.研究考纲,了解高考动态。

考纲是依据高校人才选拔要求和国家课程标准科学制定的,是高考命题的标准和依据,当然也是教师指导学生复习备考的依据。新修订的2017年《考试大纲》,努力贯彻落实考试招生制度改革精神,结合学科特点和核心素养的要求,完善考核目标和考试内容,增强科学性和规范性。主要修订内容如下:

(1)增加中华优秀传统文化的考核内容,积极培育和践行社会主义核心价值观,充分发挥高考命题的育人功能和积极导向作用。比如,在语文中增加古代文化常识的内容,在汉语中增加文言文、传统节日、民俗等内容。

(2)完善考核目标,结合学科特点和核心素养的要求,在考试大纲中对考核目标的内涵进行修订,在考试说明中对各个考核目标进行具体解析,并补充试题样例,进一步说明考核目标要求,便于师生理解和复习备考。

(3)调整考试内容,优化试卷结构,更注重体现语文学科的基础性和综合性,全面考查语文能力和人文素养,适应高校对新生基本能力和综合素质的要求,呼应中学教学的意见,顺应课程标准修订的趋势。

①能力目标分层要求,设计科学化,注重考查更高层级的思维能力,如鉴赏评价能力。

②适度增加阅读量,考查信息时代和高校人才选拔要求的快速阅读能力和信息筛选处理能力。

③修订后的考试大纲取消选考模式,将"文学类文本阅读"和"实用类文本阅读"均作为必考内容。

④在"古诗文阅读"部分增加"了解并掌握常见的古代文化常识"的考查内容。

2.研究真题,把握命题规律。

以全国I卷相对保守和审慎的命题思路来看(毕竟使用该考卷的考生最多),改革初年,题目难度有所降低;更何况今年"选考变必考"使阅读量加大,降低难度也是为了给学生适应和调整的时间。四大版块结构清晰,特点鲜明,现代文阅读:文本扩容,题量精简;古诗文阅读:落实文本,关注文化考查;语言文字运用:考查综合,注重应用;作文:降低审题门槛,体现区分度。2017高考落下帷幕,试卷结构,考查要求,题型特点一目了然。随着命题成熟度的提高,2018年将延续改革,难度递增,这对之后的考生来说也将面临更大压力,所以我们老师大有必要研究真题,特别是2017年真题,以便把握命题规律,有效指导学生应对。

(三)抓好三轮复习

第一轮重在系统梳理,夯实基础。时间大致从2017年8月至2018年1月。一轮地毯式复习力求全面、精细,不留知识死角,不留题型盲区。重点在于文言、诗歌,文本类阅读以及语用题目。通过一轮复习使学生拓展知识储备,初步构建知识网络。期间穿插12套2017年高考试题训练,讲练结合,兼顾能力渗透。"讲"要突出重点,突破难点;"练"要讲求效果,提高能力。

第二轮重在专题复习,查漏补缺。时间大致从2018年1月下旬至2018年3月。复习中可遵循相近归类性原则进行大板块整合,大专题主题训练,比如文言+诗歌板块,大阅读+语用板块,基础名句板块。因有一轮复习的基础,二轮的选题可加大难度,提高质量,一般选择高考真题以及高考模题型。通过练习不仅能提升能力,更在于规范思路,规范术语,建立框架,培养增长点。

第三轮重在综合训练,提高实战能力。时间大致从2018年3月下旬至2018年高考前。备考配套高考冲刺卷进行训练,重点突破,颗粒归仓,综合知识系统。教师整合备考资源,帮助学生查补缺漏,保持考点热度,训练高考感觉,调整备考状态。考前的5月,教师可以捕捉社会热点事件及话题,引导学生关注时政,做作文主题猜想训练,激发学生写作立意的敏感度。

（四）关注四个层面

根据语文的学科功能、特点和在高考中的定位，关注语文学科的能力考查框架。

语文学科从四个层面设计高考语文考试的能力目标体系，即从交流工具的层面考查阅读能力与表达能力；从思维工具的层面考查辨析、定义、归纳、演绎等逻辑思维能力；从认知工具的层面考查理解、分析、概括、综合、应用等学习能力，从文化素养层面考查鉴赏审美、价值判断等能力。

（五）具备五种意识

1. 考点梳理意识，提高复习课堂效率。

高考"应试教育"的支配，使得许多语文教师在高三复习课上，大搞题海战术，对泥沙俱下的复习资料失去辨识，统统拿来，拿来就讲，一言堂，独角戏，整个高三语文复习课堂死气沉沉。如何提高语文高考复习课的效率？的确需要教师放远眼光、付出辛劳、拿出智慧。对考点的科学梳理、有效整合，教师得提前规划准备。有干货就不怕没市场。

2. 强化阅读意识，提升审美鉴赏能力。

阅读速度和阅读量是衡量学生语文能力的重要指标。新考纲明确提出要适度增加阅读量，因此高三学生在复习应考中要强化快速阅读能力，在规定时间内能快速捕捉中心句或者关键词。从人才培养的语文综合素质要求看，学生不光要有语言运用能力，以及与此相关的对信息筛选的能力，分析问题和解决问题能力，也要有审美鉴赏的能力。

语文的外延就是生活的外延，语文复习决不能只做题。阅读是语文学习的源头活水。高三时间宝贵，不妨读一些中外名著快读或导读之类的书籍，或者每天抽空浏览报纸杂志，诸如《南方周末》《演讲与口才》《杂文选刊》《青年文摘》《读者》等，确是不错选择。既可舒缓身心，亦可提升阅读能力。

3. 优化练习意识，重视创新思维训练。

语文学科的实践性很强，离开了训练就会生疏。但这个训练是科学的训练，不是盲目地做题。应跳出题海，按基础、经典、创新三个层次精选试题，提高效率。选好训练试卷：多用全国课标卷，少用省市卷；多用高考真题卷，少用地市模拟卷。讲练结合，"讲"要突出重点，突破难点；"练"要讲求效果，提高能力。试卷讲评中,教师更要讲特点、讲思路、讲方法,关注学生解题过程,加强学生思维训练,提升学生思维能力。

4. 回归课本意识,实现知识能力迁移。

回归课本是高考语文备考的不二法门。很多考查的材料题目,看似是课外的,知识点都指向课内。指导考生备考时应注重课本的示范功能和迁移功能。用好课本例子,语文教材就是取之不尽的素材宝库。

5. 规范答题意识,避免考试无谓丢分。

历届高考,总有一些考生无谓失分,着实可惜。所以,在平时的教学实践中,我们语文老师要引导、培养学生规范答题的意识,避免考试无谓丢分。具体而言就是在考试中要做到认真审题,准确答题;书写准确,避免错字、别字、漏字;卷面整洁,切勿涂画;整体阅读,理清思路;古文翻译,字字落实;读懂诗歌,规范答题;默写字句,力求准确;两大阅读,掌握技巧;语言运用,理清方法;作文立意准确,文体清楚。

沉舟侧畔千帆竞过,病树前头万木争春;年年岁岁高考相似,岁岁年年考题不同;等闲识得莘莘学子,万紫千红总是春天;高考改革春潮涌动,备考路上你我同行。漫漫高三路,注定不平凡。愿各位同仁:痛,并快乐着;累,并幸福着!

课题研究 >>>

　　第一次申报课题时,对什么是课题并不太了解,对怎样进行课题研究更是一头雾水。凭着自己对李白、李之仪当涂诗词的喜爱,懵懂地填写了以之为研究对象的课题申报表,结果可想而知。失败了,就要找原因,参加了几次课题培训,学习了一些课题研究方面的文章,鼓起勇气以《李白李之仪当涂诗词课程资源开发利用研究》为课题再次申报,终获成功。盘点了一下,这十年来,自己主持了省级课题一项、市级课题二项、国家级子课题一项;作为课题核心成员参加了一项国家级课题、两项省级课题、一项市级课题。这些课题均已结题。自己主持的市级课题还获得了市教科研成果一等奖。围绕这些课题撰写的科研论文也多次在省市获奖。

　　我由原来不知课题为何物,到现在也带领一批中青年教师做课题,并常常在我主持的名师工作室给年轻教师做课题培训,甚至还忝列于市内课题专家行列,参与课题开题的指导与结题的验收鉴定。本编收集了几篇课题研究论文,这些论文主要是在开展课题研究过程中的一些研究论证,一些感受与做法。其中两篇,一篇是应马鞍山市晚报的记者之约,写自己研究课题的初衷的文章,要求语言直白浅显;另一篇是记者采访我之后在《皖江晚报》“书中的家乡·教科书中的马鞍山”栏目中刊登的。我开展的课题活动上过电视,登过报纸,我也被市文旅委及市教育局聘为传播李白诗词文化的志愿者,算是课题研究产生了一定的影响吧。

　　课题源于问题。一线教师在自己的教育教学工作中会面对各种各样的问题,有些问题具有典型性和普遍性,如能放之于时代与教育的背景,实践与理论的背景去思考、去学习、去研究、去践行,对自身的专业发展以及自己的教育教学工作水平的提高都会有较大的帮助,甚至于有推广的价值。

随网潜入意,润师细无声

——互联网+名师工作室活动的实践研究

名师工作室作为教育主管部门批准的教师教育教学研究团体,开展各种教育教学相关活动是其实现目标不可或缺的方式。然而,成员教育教学工作任务繁重,集体活动时间难以确定、统一,活动次数受时空限制难以达到教育主管部门规定要求,导致工作室活动不能灵活有效地开展,工作室效能与目标达成大打折扣。这些问题成了名师工作室经常化、制度化开展工作的瓶颈。如何打破这一窘境?我与工作室成员一道开展了"互联网+名师工作室活动的实践研究",旨在通过此项行动研究,开辟一条名师工作室活动的有效途径和方法,创新活动方式和内容,走出名师工作室活动实用、高效的路子,全面提高名师工作室活动质量。此项研究与初步实践证明:工作室活动更加方便快捷,为课堂教学增姿添彩,促进了教师专业成长,实现了主持人与成员的共同进步。

一、互联网工作平台的建立——工作室活动方便快捷

打个电话,发个信息,传个通知,是过去工作室开展活动的前奏,费时费力。工作室QQ群、微信群的建立让这些事变得轻而易举,活动时间可以协商,活动内容与形式可以讨论。工作室主持人将活动的设想与意见通过QQ与微信传达给成员,成员可以提出自己的意见,可以集思广益;工作室主持人给成员布置任务,成员对任务有疑惑的,主持人还可以随时答疑解惑。例如,上学期工作室开展的以"实用类文本阅读——人物传记教学内容的确定"为内容的县级课堂教学研讨活动,主持人将活动通知传上QQ群、微信群,任务布置给了在农村中学工作的两名年轻的工作室成员。虽然通知中主持人对开课意图和要求进行了明确的阐述,但由于此类文本的公开教学教研部门尚未举办过,对青年教师而言确实是一种挑战。两位成员接到任务后对文本的选取、教学内容的选择、教学方式的采用等方面产生了许多困惑,想向主持人当面请教又很不方便,于是,两位成员不约而同地采取了通过工作室QQ群、微信群向主持人提出问题

的方法,主持人当晚就通过微信给予了有针对性的解答。两位青年教师受到点拨后,深受启发,写出了较高质量的教案。随后,他们在全县范围内展示的公开课也非常成功。诸如此类,事例颇多。工作室由于开展了"互联网+名师工作室活动的实践研究"的课题活动,建立了工作室互联网工作平台,主持人与成员、成员与成员之间利用互联网进行相互沟通与研讨的意识增强,时效性明显提高。

二、"互联网+语文教学"——课堂教学增姿添彩

磨刀不误砍柴工。备好课,是上好课的前提,工作室把提高成员备课质量当作要事来抓。在鼓励成员认真钻研教材的同时,工作室注意发挥集体的力量,利用互联网的优势,建立备课资料网上备查系统。如:教学一篇课文,教师常常需要了解作者、文体、文章(作品)的简介,需要优秀教案作为参考,也需要网上现成的多媒体课件供自己选用与修改。一套现成的备课资料备查系统无疑会减轻教师的工作负担,对青年教师还能起到示范、参考作用。工作室把建立这样的系统作为锻炼成员的契机,要求成员以研究的心态与眼光来完成。在制作作者、文体、文章(作品)简介时,工作室主持人要求成员通过网上搜索,集合相关参考资料,经过讨论之后,再遴选出教学必需的内容、图片,然后放入备查资料库。对于利用网络搜集的教学案例,做到认真甄别优劣,择优选入教案资料库。教案资料库的教案只供工作室成员参考,并要求成员根据自己的教学实际进行选用与修改。对于课堂所需的教学课件,工作室鼓励成员自己制作,但也不排斥从网络上选取,因为网上上传的众多课件是许多优秀教师花了很多心思制作出来的,搜集过来,将之相互比较并适当修改后为我所用,也不失为一种好的方法。选用和修改过程,就是学习、领会并汲取精华的过程,也是将学习者与自身的教学实际紧密结合的过程。工作室重视这一研究、制作过程,并期望工作室成员通过这一过程,开阔教学视野,拓宽教学思路,提高教学水平。这些过程都是在互联网环境下进行的,在此过程中,主持人通过与成员交流与探讨,把自己的思考与理念通过每一篇教案、每一个课件的选用与修改渗透给成员,同时,主持人自身也会从成员的某一个建议和意见中得到启发,从而达到名师引领、相互学习、共同提高的目的。由于工作室重点开展了互联网背景下的集体备课研究、课前准备充分,课堂教学精彩纷呈,工作室成员展示的各种层级的公开课备受好评就是很好的佐证。"互联网+语文教学"的研究,为名师工作室

以课堂教学研究为中心从而提高成员课堂教学水平的目标实现提供了抓手,起到了牵引作用。

三、"互联网+教研"——教师在交流互动中实现专业成长

课堂是师生成长的场所,有效的课堂教学是教学质量提高的关键,一个教师的教学水平主要体现在课堂上。因此,工作室将课堂教学的研究作为工作的重点,将工作室成员教学水平的提高作为重中之重。怎样才能提高教学水平呢?虽然涉及因素很多,但是教研是不可或缺的重要因素,从某种程度说,教研的水平决定了教学的水平。教研,包含备课之中的教研、课堂教学过程中的教研,也包括课后的研讨与反思。为此,工作室每学期至少要开展一次县域内的课堂教学研讨、三次校内常规教学研讨活动。活动过程中除进行常规的面对面的评课外,工作室还专门对课堂教学进行录像,将成员公开课的录像通过互联网平台传送给每一个成员,主持人和成员围绕课例展开讨论。执教成员谈课前教学设想、课后教学反思;其他成员谈该节课的得失;主持人综合大家意见,提出改进建议。此种"互联网+教研"的形式,不拘时间、地点,借助QQ群、微信群即能实现。除此之外,工作室还倡导成员在工作室互联网平台上"晒课",供工作室成员观摩、研讨。对于工作室组织参加的市县教研活动,工作室主持人也常常利用工作室互联网平台提出一两个话题,要求成员发表观点,相互讨论。总之,工作室互联网平台成为成员教研最方便最快捷的工具,成为成员交流互动的便利场所。借助此平台,主持人与成员、成员与成员之间思想上相互碰撞,学术上相互学习交流,工作上共同进步,专业水平在交流互动中得到提高,在潜移默化中实现专业成长。

四、"互联网+课程培训"——主持人与成员在思想碰撞中共同进步

工作室主持人除要求成员多读书、多参加教育主管部门开展的各种培训活动外,还开发了一些有针对性的课程,对成员进行培训。过去的培训主要通过集中活动以专题讲座的形式与成员面对面地进行,在实际操作上难度较大。原因之一是成员分散在城乡各校,来往不便;原因之二是成员本职工作任务繁重、家庭事务多,常常难以聚齐。"互联网+课程培训"的形式使这一矛盾迎刃而解。主持人把自己开发的培训课程传送到工作室QQ群、微信群,然后通过QQ群、微信群发出通知,提出学习的具体时间和要求,工作室成员将学习心得传送至群

里,相互交流,相互讨论,工作室将成员的读书心得收编成工作室简报或论文集,并将其作为对成员的考核内容予以监督。这种形式,借鉴了教师远程培训的经验,同时又避免了敷衍走过场。例如,我在互联网平台分别传送了《做一个有思想力的专业化教师》《读书、研究、写作——教师专业化成长的三个支点》等课程培训稿,供成员学习交流,并要求成员写出学习心得。此时,成员如果对培训稿中的某一观点有什么疑问,或有什么独特的见解,可以通过工作室QQ群、微信群提出,主持人负责在这些平台上予以解答,如还有不同意见仍可以继续讨论,其他成员也可参与其中。从实践情况看,每一成员都能结合自己的思考及本职工作谈自己的学习体会,取得了预期的效果。有时,主持人将安徽省教师远程培训专家讲座中的某一有争议的观点作为论题提供给成员,让成员讨论,表述见解。工作室成员纷纷响应,各抒己见,虽只言片语,却不乏真知灼见。主持人与成员在讨论中明辨是非,在碰撞中获得真知。应该说,互联网在教师培训中已经成为不可或缺的平台,成了"桥梁"和"纽带"。

课题"互联网+名师工作室活动的实践研究"开展的初衷,是将工作室活动研究作为一种行动研究,探索名师工作室活动的新方式、新途径。一年多的研究实践证明,"互联网+名师工作室活动的实践研究"的开展,不仅成了课题研究自身的需要,同时也成了工作室活动开展的一种内容、一种方式。此项研究,解决了过去长期困扰工作室主持人的问题,开辟了名师工作室活动的新天地,展现了一片新境界,出现了一种新气象。此种活动及研究方式,将成员紧密联系于互联网下,于无声无息之间使参与工作室的教师多了对教育教学思想的关注、思考,多了对备课、课堂教学的钻研、改进,也必将促进教师自身专业素质的提高,从而达到提高教育教学质量的目的。真可谓——"随网潜入意,润师细无声"。

让诗魂在当涂学子心中氤氲

　　当涂,千年古县,钟灵毓秀,是唐代大诗人李白、北宋词人李之仪的终老之地、长眠之乡。两位诗人都跻身于中国古代文学史之巅,一为唐代大诗人,一为宋代名词人。他们在当涂留下了许多脍炙人口的诗篇,如《望天门山》《卜算子·我住江之头》等,常见于各种教材文选。然而,他们创作于当涂或以当涂为写作对象的许多诗词,除《当涂县志》及李白墓园等相关机构印制的小册子外,生于斯长于斯的当涂广大学子并没有多少人了解。基础教育课程改革目标中提出:"改变课程管理过于集中的状况,实行国家、地方、学校三级课程管理,增强课程对地方、学校及学生的适应性。"受此启发,我和本校部分语文教师敢为人先,一个以"李白、李之仪在当涂的诗词"为研究对象的课题组组成了。课题组成员认真学习了"走进新课程""中学语文课程标准"以及有关课程资源开发、利用的理论,进行了课题可行性研究,以《李白李之仪当涂诗词课程资源开发利用研究》为课题,向市教科所申报,终获批准。课题组全体成员在得到批复后,重新深入地学习了课程资源相关理论,对课程资源开发利用的意义、途径与方法进行了认真的讨论,将李白、李之仪在当涂的诗词尽可能地搜集完整。在遴选、品读中,我们发现两位大诗人生前足迹遍及当涂的山山水水,其诗词内容与当涂独特的自然风景与风俗人情融为一体,构成独特的人文景观,是不可多得的乡土资源。拨开历史的烟云,穿过时间的隧道,我们油然觉得两位大诗人犹如山中的氤氲、河中的轻烟,隐约飘荡于当涂的青山绿水中。这是属于当涂,属于当涂的莘莘学子的独特的课程资源。特有的自然资源和历史文化资源,县城中学面向全县学子招生的优势,都是我们开发和利用这一资源的基础。课题组成员吐露出共同的心声——让诗魂在当涂学子心中氤氲。

　　如何开发、利用好李白、李之仪这一课程资源?课题组进行了如下的研究。

一、本课题研究的理论依据

课程在学校教育中处于核心地位,教育的目标、价值主要通过课程来体现和实施。校本课程是以学校教师为主体,在具体实施国家课程和地方课程的前提下,通过对本校学生的需求进行科学的评估,充分利用当地的课程资源,根据学校的办学思想而开发的多样性的、可供学生选择的课程。课程改革是此次教育改革的核心内容。新课程倡导民主、开放、科学的课程理念,教师必须在课程改革中发挥主体性作用。同时,教师不能只成为课程实施中的执行者,更应成为课程的建设者和开发者,提高和增强课程建设能力,培养开发本土化、乡土化、校本化的课程能力。课程资源是指形成课程的要素来源以及实施课程的必要而直接的条件,如知识、技能、经验、活动方式与方法、情感态度与价值观以及培养目标等方面的因素。课程与课程资源有着十分密切的关系,没有课程资源也就没有课程可言,有课程就一定有课程资源作为前提,课程资源只有经过相应的加工并付诸实施才能真正进入课程。乡土资源,是校外课程资源之一,它主要指学校所在社区的自然生态和文化生态方面的资源,可以成为师生共同建构的平台。从教育哲学层面考虑,李白、李之仪当涂诗词开发和利用,有利于实现教育的理想,符合社会发展和进步方向;从学生学习的层面上看,地方课程资源李白、李之仪当涂诗词的开发、利用,与学生外部、内部条件相一致,符合学生身心发展的特点,可以满足学生的兴趣爱好和发展需求。从教学理论层面上分析,开发、利用李白、李之仪当涂诗词课程资源与教师教育教学修养的现实水平相适应。这就是本课题研究的理论支撑。

二、本课题相关的研究现状

李白、李之仪作为文学史上著名的诗人,其名篇佳作选入教材、作品集的很多,研究者不计其数,研究内容、研究方式可谓多种多样:诗人生平、创作风格、创作道路、作品研究、宏观微观。然而,从这些研究中,我们发现:李白、李之仪写于当涂的诗词,或诗词内容具有当涂地域性特征且与当涂当时历史文化相关的诗词,屈指可数,完整系统的尚未发现。《当涂县志》对李白此类诗词收录较多,李之仪及其诗词却被忽略。李白、李之仪在当涂的诗词作为语文课程资源开发、利用的,鲜能见到。市区已有学校编写了类似的校本教材,一是过于简略,二是课程资源内涵中没有包括学生资源和学生生活环境资源,如《姑孰十咏》等数篇,其所咏对象都是当涂学子身边的山水古迹。从这个意义上说,开发出一个具有当涂地域特征的课程,将各种资源整合、利用,仍具有开创性意义。

三、本课题研究的目的、意义

本课题研究的目的就是将李白、李之仪在当涂的古诗词进行开发,整合成一本校本教材,作为诗词鉴赏教学的语文课程资源,与当涂学子生活的自然环境资源、历史文化资源相融合,依托、利用这些资源开展相关的语文教学活动。

其研究的意义:

1. 就课程资源看,李白、李之仪,一个生活在盛行诗的唐代,一个生活在盛行词的宋代,两位诗人晚年均生活在当涂,并长眠于当涂。古当涂的山水遗迹,在他们的诗词中仍能找到当年的情影。其感物抒怀的诗词佳作,许多就是我们当涂学子身边的一座山、一条河、一处名胜古迹。例如,《赠丹阳横山周处士惟长》就是李白游当涂横山时作,与《丹阳湖》中所写的丹阳湖,同属当涂的最东面;《天门山》中的天门山原属当涂,今属芜湖市开发区,在当涂的南面;《夜泊牛渚怀古》中诗人夜泊的采石矶,原属当涂,今属马鞍山雨山区,系当涂的北面;《姑孰溪》处于当涂的中心地带,紧挨当涂城关;李之仪的《藏云山居》地处当涂城东十余里。古诗词教学,是高中语文教学的重要组成部分,是学生领略古代社会生活和古人情感世界及独特审美情趣的重要窗口。本课题将两位诗人在当涂的诗词佳作整合成一本诗词鉴赏的校本教材,是对本地课程资源的一个首创性的开发和利用。同时,开发、利用李白、李之仪在当涂的诗词,有利于转变课程功能和学习方式,超越狭隘的教育内容,让师生的生活和经验进入教学过程,改变学生在教学中的被动地位,使之成为知识的共同建构者。

2. 就新课程理念看,将具有本土特色的名家诗词作为课程资源,可使参与课题研究的教师,更深入地认识正在推进的新课程改革,形成并发展科学的课程观,开拓教师的教育视野,转变教师的教育观念,激发教师的创造性智慧,在教学中研究,在研究中教学,为教学注入活力,从而促进教师专业水平的自我提升。

3. 就研究对象看,遴选适合学生阅读的、有利于语文教学的古诗词,本身就是对叶圣陶先生所说的"教材无非是个例子"的一次教学新尝试;是对语文教学面向生活,面向学生及其未来,加强人文教育的新实践;也是按照诗词鉴赏规律,丰富诗词鉴赏内容,促进和改善诗词有效教学策略的新探索。

4. 就学生来看,可以改变学生在教学中的地位,从被动的知识接受者转变为知识的共同建构者,从而激发学生的学习积极性和主动性。利用李白、李之仪留存的古诗词进行语文教学,可以丰富语文教学的内容,可以培养学生的审美能力和热爱地方文化的情怀。让学生读到与自己家乡直接关联的诗词,可以增强学生的自豪感,增进对家乡历史文化的认识,丰富知识,陶冶情操,增强对家乡的热爱。

四、确定课题研究的内容

以新课程标准为理论依据,按课程资源开发的要求,遵循诗词教学的编排规律,开发出一本关于李白、李之仪在当涂的古诗词鉴赏的校本教材,并利用它开展语文教学、教研活动。

1. 搜集、整理李白、李之仪在当涂的诗文,遴选出适合中学生阅读的如《姑孰十咏》《姑溪词》等书中的诗词,先编印简册在教学中试用,然后选择一些适合教学的内容,按照校本教材编写的规律和诗词鉴赏的要求,编印成册,定名为《李白李之仪当涂诗词赏析》,作为教科书诗词教学的辅助教材。

2. 厘清李白、李之仪在当涂的生活经历,对李白、李之仪在当涂创作的诗词的背景进行研究阐释。为该教材作注释,并附上相应的介绍性文章作为研读背景材料,供教学和学生自读参考。

3. 按照“鉴赏指导”“鉴赏提示”“鉴赏诗词”“鉴赏考查”的体例,从诗词的内容和形式两大方面,从内容和艺术不同的视角进行鉴赏、借鉴。

4. 在上述研究中,建设自己的校本教材,并引入教学。

5. 在学生中,开展李白、李之仪在当涂古诗词朗诵比赛、背诵比赛、“诗词阅读心得”征文比赛等活动。必要时,将学生带入实地进行郊游、考察,创设开放性的语文课堂。

6. 要求参与课题的教师就本课程资源的开发、利用及教学,撰写教育教学心得体会文章。

走进自然,走向社会,了解文化,学会生活,是新课程改革对学生的要求;让自然、社会、文化、生活走进课堂,是语文教师的职责。我们的家乡——当涂,是一块人文荟萃的地方,这里有辉煌的历史文化,也充满着时代发展的蓬勃生机,但今天的青少年学生对家乡却了解甚少。因此,教育工作者应当承担起引导他们了解、认识家乡的义务。作为校本课程资源,我们力求编写体系完整、系统、科学、有创意，具有浓郁的乡土气息、厚重的历史积淀和深厚的文化底蕴，将人文性和思想性不着痕迹地融为一体。作为语文教学资源，我们将充分考虑教与学的方式方法，充分利用自然和人文环境，将知识与技能、过程与方法、情感态度与价值观作为教学追求整体目标。当涂人民因有李白、李之仪而自豪，当涂的山水古迹因有大诗人诗句的润色而灵秀，当涂的学子必将因读李白、李之仪在当涂的诗词更多更深地了解家乡、热爱家乡。诚如斯，它是语文的，可又超越了语文——让诗魂在当涂学子心中氤氲！

撷谈本土课程资源开发利用研究的
途径及意义

  课程资源是指课程要素以及实施课程的必要而直接的条件。对课程资源的开发和利用,是新课程改革的重要内容之一,也是实现新课改的必要条件。对课程资源进行重新定位和认识,可以使我们更加明确在理论探讨和行动实践上的方向,改变传统的教学观念,突出学生学习的主体地位。本土课程资源是指本土的历史文化资源,自然资源,学生熟悉的生长、生活环境等教育资源。对其开发利用,对于发掘教学资源,更新教师教学观念,提升教研水平、教学水平,丰富学生学习活动,具有深远的意义。

  我主持的市级课题"李白李之仪当涂诗词课程资源开发利用研究"自开题两年来,进行了有效的探索,找到了一些开发利用的途径,并由此领悟了众多内蕴的意义。现撷谈如下:

一、开展教研活动的抓手

  教师要提升自己的教学水平,需要不断地进行教学研究,从而完善、更新自己的教学观念,改进教学方法,增加教学的科学性、有效性。个体的学习与教研是一个途径,形式多样的集体教研活动更不可或缺。课题研究丰富了教研活动的内容,是将个体研究与集体研究较好结合的重要形式,是开展教研活动的抓手。

  基础教育课程改革目标中提出:"改变课程管理过于集中的状况,实行国家、地方、学校三级课程管理,增强课程对地方、学校及学生的适应性。"如何实现课程改革目标?这需要一个切入点。我与本校语文教师经过集体研究,立足本职,敢为人先,成立了以"李白李之仪在当涂的诗词"为研究对象的课题组。课题组成员尽其所能地搜集了有关李白、李之仪在当涂的诗词、史料及相关研究资料,认真学习了课程资源开发、利用的相关理论,进行了课题可行性研究,确定以"李白李之仪当涂诗词课程资源开发利用研究"为研究课题,进行了申报,获得批准后,我带领课题组成员重新深入地学习了课程资源相关理论,对课程资源开发利用的意义、途径与方法进行了探讨,在李白、李之仪在当涂的诗词搜集完整的基础上甄别整理,并对内容涉及学生的社会生活、自然环境以及学生学习心理的诗词进行研究。借助课题研究,开展形式多样的教研活动。

首先,课题组成员集中学习,个体研究,并将自己的心得体会撰写成教学论文,编成《李白李之仪当涂诗词课程资源开发利用研究论文集》,进行了交流;其次,课题组成员广泛收集李白、李之仪在当涂的古诗词及有关史料,在研究过程中视野得到进一步扩大;再次,课题组成员遴选,品读,将这些古诗词按思想内容进行分类,如将李白诗分成"山水田园""相送惜别""咏物言志""怀古咏史""即事感怀""家国之思"等类别,将李之仪诗词也分成诗和词,并由课题组成员写成概括性的引言或赏析文章,在此过程中,教师的诗词解读能力得到提高。课题研究的开展,使过去懒于读书的教师或只按照参考书进行课文解读的教师逐渐改变了观念,读书变成了常态,独立解读教材的习惯初步养成。课题研究成为教研活动的重要内容。教师由于参与了校本课程的开发利用,教师的专业发展得以促进;同时,教师介入课程开发后,会面临新的教学观念、材料和策略的挑战,有利于教师专业上的进步;通过参与课程改编和评价,教师会提高他们对自己和教育的理解,丰富学科知识,并能超越课堂的局限去思考问题。教师在课题研究中形成合作的工作关系和养成合作的工作习惯,有利于形成积极的教研氛围,从而达到教研为学校发展服务的目的。

二、课堂教学改革的载体

课堂教学是提高教学质量的主渠道。在新一轮的教学改革中,教师课堂教学的观念更新尤其必要。过去,语文教学是以教师为中心,语文课就是一个成熟的读书者(教师)向一群不成熟的读书者(学生)诉说自己的阅读体会的过程,学生处于一个被动地位,教学渠道比较单一。而新课改是要求教师要把学生真正放到主体地位,考虑学生的学习兴趣,尽可能地与学生生活经验相联系,充分调动学生学习的主动性和创造性。李白、李之仪是当涂本地历史文化名人,他们的足迹遍布当涂的山山水水,是学生身边的某一自然、文化景观,但学生不了解,当教师将课题研究的成果引入课堂教学时,学生才发现:这些历史文化名人与自己竟有如此的联系,自己家乡的山川名胜竟蕴含着如此丰厚的历史文化,学习的主动性、创造性得到了极大的提高;同时,教师引领学生按照诗词的鉴赏规律对这些诗词进行品读,也提高了学生诗词鉴赏能力;教师在教学中加强考虑了学生的自觉性,注意关注学生的阅读感受,注意倾听学生对已有的生活经验的阐述,也在不知不觉中建立起以学生为教学主体的教学架构,推进了教学改革。在课题研究过程中,课题组成员相互听课,取长补短,课堂教学水平相应提高。课题组与市县教研部门联手,安排有教学特色的课题组成员开设课题观摩课,在一定程度上辐射了课题课堂教学成果。课题研究成了课堂教学改革的有效载体。

三、学生活动的新视角

开展形式多样的学生活动,是语文教学的重要内容。在过去的学生活动中,活动内容随意性大,一般只是随便定一个主题,学生很难产生共鸣。"李白李之仪当涂诗词研究"在引入课堂教学之后,学生的生活经验被调动、运用起来。如配合中学生经典诵读活动,课题组与学校政教处、团委联手,选择学生喜欢的李白、李之仪在当涂的古诗词作为诵读材料,从诵读的效果看,远胜于与学生生活较远的诗词。又如,在开展的学生书法比赛中,要求选择以李白、李之仪诗词为内容,并公开展览,对参与者和欣赏者都是一个熟悉的过程,营造了对家乡历史文化学习的浓厚氛围。课题组根据需要带领学生春季踏青,开展郊游,也顾及当地景观、名胜古迹与李白、李之仪的关系,开展相应活动,在观赏自然与历史景观中增强学生的人文底蕴。再如,开展学生作文比赛,课题组要求参赛学生的写作内容必须与李白、李之仪当涂诗词有关联,许多学生纷纷采用了游记的形式,在他们的游记中多了几分对历史文化的思考。由于引用了李白、李之仪当涂诗词,学生作文中又多了些文化意蕴和文雅气息。语文活动与学生生活相一致,与增进学生对家乡自然景观和历史文化关注与了解相一致。这些学生活动,无不彰显了参与课题研究的语文教师开展学生活动的新视角。

四、校本教材编写的好素材

课程改革迫在眉睫,应运而生的校本课程开发正是课程改革的重要方面,它可以大大激发师生的积极性和主动性,并能够更系统地体现学校办学特色和办学模式。它的开发对营造丰富多彩的学校文化、发挥学校教育的能动性和创造性,起到了导向性、推动性的作用。开发校本课程有利于学校发展,校本课程开发表现了师生对学校文化的认同和接受程度。李白、李之仪在当涂的古诗词,是具有地域文化特色的教学素材。从学生的角度看,与学生的生活环境相关,容易引起学生的学习兴趣;从教师的角度看,它的内容与现行的统编教材难度相当,除思想内容是教学的好材料外,其表现手法、鉴赏规律、培养能力的途径及目标都能适合教学需要,是校本教材编写的很好的素材。课题组成员从一开始持有的功利想法转变为提高专业水平、培养学生鉴赏能力、提升学校文化层次的观念。经过认真学习、研究、讨论,人人参与,编写了《李白李之仪当涂诗词赏析》一书,在校内使用。这本书成为学生喜欢、教师自豪、领导满意的校本教材,并将循环使用,在使用过程中逐步完善。这样,校本教材成了有效的课程资源,在课题组成员的努力下,又转化为有效的教学资源,并逐步推广成为全校的教学行为。

李白、李之仪在当涂的古诗词课程资源开发利用,是本土课程资源开发利用的尝试,得到了上级教科所和教研部门的大力指导和支持。在课题研究不断深入的过程中,我们发现,上述途径和意义只是目前我们的初步探索,它的意义将是深远的。

借得己山石，雕成如意玉

——李白、李之仪当涂诗词课程化开发研究

在中国文学史上矗立着两座高峰——唐诗、宋词。在唐诗宋词的百花园中有两株奇葩——李白、李之仪。一为唐代顶尖诗人，一为宋代杰出词人，他们游历四方，才华横溢，作诗赋词，珠玑熠熠。山清水秀的鱼米之乡当涂，成为他们人生的最后驿站。从此，李白、李之仪与当涂紧密相连，在各地教材文选中，《望天门山》《卜算子·我住长江头》常列其中，在介绍写作背景或作者终老之地时，都会提到当涂。不仅如此，两位诗人创作于当涂或以当涂为写作对象的诗词达百余首。当涂的青山绿水，因诗人的诗词而更灵秀；当涂的名胜古迹，缘诗人的诗词更神奇。有感于生于斯长于斯的当涂学子对李白、李之仪当涂诗词不了解或了解甚少，根据基础教育课程改革目标："改变课程过于集中的状况，实行国家、地方、学校三级管理，增强课程对地方、学校及学生的适应性。"李白、李之仪的诗词与当涂独特的自然景物融为一体，构成独特的人文景观，是不可多得的乡土资源的特点，当涂二中"李白李之仪当涂诗词课程资源开发利用研究"课题组经过近三年的研究，编写了《李白李之仪当涂诗词赏析》一书，作为校本教材供师生学习之用。这只是我们将李白、李之仪当涂诗词课程化开发研究的第一步。如何利用好这本教材？如何以李白、李之仪为研究的基点，进行拓宽深入研究？如何探索总结出一条以李白、李之仪当涂诗词进行课程开发利用的途径？市级课题结题后，课题组对上述问题进行了深入思考、研究。于是，课题组以"李白李之仪当涂诗词课程化开发研究"为题申报了省级课题，被批准立项。课题组再接再厉，在原有基础上继续进行李白、李之仪当涂诗词的课程化开发的研究，大家发出共同的心声：让李白、李之仪当涂诗词走进语文课程。

如何实现李白、李之仪当涂诗词课程化？课题组进行了如下研究：

一、李白、李之仪当涂诗词课程化的理论依据

课程在学校教育中处于核心地位，教育的目标、价值主要通过课程来体现

和实施。课程是指学校学生所应学习的学科总和及其进程与安排。广义的课程是指学校为实现培养目标而选择的教育内容及其进程的总和,它包括学校教师所教授的各门学科和有目的、有计划的教育活动。"高中语文课程标准"明确指出:"高中语文课程要满足多样化和选择性的需要,必须增强课程资源意识,重视课程资源的利用和开发。各地区都蕴藏着自然、社会、人文等方面的语文课程资源,应积极利用和开发。"同时指出:"各地区、各学校的课程资源是有差别的,各学校应该认真分析本地和本校的资源特点,充分利用已有的资源,积极开发潜在的资源。"

校本课程是以学校教师为主体,在具体实施国家课程和地方课程的前提下,通过对本校学生的需求进行科学的评估,充分利用当地的课程资源,根据学校的办学思想而开发的多样性的、可供学生选择的课程。课程改革是此次教育改革的核心内容。新课程倡导民主、开放、科学的课程理念,教师必须在课程改革中发挥主体性作用。同时,教师不能只成为课程实施中的执行者,更应成为课程的建设者和开发者,提高和增强课程建设能力,培养开发本土化、乡土化、校本化的课程能力。课程资源则是指形成课程的要素来源以及实施课程的必要而直接的条件。课程与课程资源有着十分密切的关系,没有课程资源也就没有课程可言,有课程就一定有课程资源作为前提,课程资源只有经过相应的加工并付诸实施才能真正进入课程。从教育哲学层面考虑,李白、李之仪当涂诗词的开发和利用,有利于实现教育的理想,符合社会发展和进步方向;从学生学习的层面上看,李白、李之仪当涂诗词作为乡土资源和课程资源开发、利用,与学生外部、内部条件相一致,符合学生身心发展及语文学习的特点,可以满足学生的兴趣爱好和发展需求;从教学理论层面上分析,开发、利用本课程资源与教师教育教学修养的现实水平相适应。国家的教育政策以及上述这些理论,成为本课题研究的理论支撑。

二、李白、李之仪当涂诗词课程化的条件与可能

"高中语文课程标准"在"实施建议"中指出:"可通过多种途径帮助学生阅读和鉴赏,如加强诗文的诵读,在诵读中感受和体验作品的意境和形象,得到精神陶冶和审美愉悦……"。2012年普通高等学校招生考试安徽卷的考试说明中提道:"古代诗歌鉴赏的考查,侧重于诗歌内容的评说,诗歌形象、语言和表达技巧的赏析。"我们在研究李白、李之仪诗词的过程中发现:李白、李之仪当涂诗词

具备了诗词鉴赏的诸种要素,是供学习、复习中进行诗词鉴赏教学的好素材。从思想内容看,李白、李之仪诗词,或"相送惜别",或"咏物言志",或"怀古咏史",或"即事感怀",或"山水田园",或"家国之思",或"酬和应答",不仅有形象,而且有内涵,包含了丰富的思想情感和社会意义,从中也可管窥诗人的观点态度。从语言和表达技巧看,有描写、抒情、叙述、议论;在修辞方法上,有比喻、拟人、夸张、对偶、设问、反问、用典等;在抒情技巧上,有直抒胸臆,有借事抒情、借物抒情、借景抒情、情景交融等间接抒情;在表现手法上有象征、对比、衬托、抑扬、托物言志、以小见大;在篇章结构上,有开门见山、曲笔入题、伏笔照应、卒章显志等。这些诗词可作为必修课的补充,可作为选修课进行教学,还可作为高考复习的选材。2008年安徽高考卷诗歌鉴赏题《小孤山》,就是作者谢枋得客居小孤山(位于安徽宿松县城南65公里处的长江之中)时所作。这首诗对当地人来说,就是本土文化资源。不仅如此,由于李白、李之仪当涂诗词,与学生家乡的山川名胜相联系,与当涂的风土人情、民间习俗相关联,更容易激起学生学习的兴趣。

三、李白、李之仪诗词课程化实施途径

"高中语文课程标准"实施建议:"语文教师应高度重视课程资源的利用与开发,充分发挥自身的潜力,参与必修课和选修课的建设,创造性地开展各类活动,增强学生在各种场合学语文、用语文的意识,多方面地提高学生的语文素养。"本课题研究的目的就是在李白、李之仪当涂诗词已开发、整合成一本校本教材的基础上,作为诗词鉴赏教学的语文课程资源,与当涂学子生活的自然坏境资源、历史文化资源相融合、相依托,利用这些资源开展相关的语文教学、语文活动。

(一)与必修课诗词教学相联系,重构教学单元

如在教学李白《蜀道难》时,教师就可插入校本教材《李白李之仪诗词赏析》中的《临路歌》,让学生独立阅读。整合的理由是,这两首诗同属"咏物言志",都是通过具体可感的物象来抒发情思,都有瑰丽的想象,都有一种壮志难酬的感慨。这种做法,可以改变学生依赖教师亦步亦趋的教读,激发学生自主阅读的兴趣。根据"课程标准"对高中语文教学的要求,加强语文学习的综合性,注重积累基础上的整合,进行比较阅读,有助于对必修内容深化理解。

(二)与选修教材《唐诗宋词鉴赏》相联系,相机穿插补充

选修教材《唐诗宋词选读》第三章有"豪放飘逸的李白诗",在原教材基础上,增选李白的《下途归石门旧居》《九日龙山饮》《赠友人三首》《笑歌行》《悲歌行》等当涂诗歌,既可丰富李白诗歌的教学内容,也可进行比较性阅读。在选修宋词第二章"新天下耳目"的东坡词时,教师先介绍李之仪与苏轼的交往,再穿插李之仪的《满庭芳》(八月十六夜,景修咏东坡旧词,因韵成词)、《临江仙·登凌歊台感怀》,可取得历史人物生活化并拉近与大文豪苏轼的距离的功效。在选修黄庭坚、贺铸的词时,也可将这两位词人与李之仪的交往酬答之作选入,如《怨三三》(登姑孰堂寄旧游,用贺方回韵)。据说贺铸奉命来当涂,任太平州通判,李之仪常邀贺铸游赏当涂山水,此词就是二人在游览姑溪河畔的姑孰堂时的作品。《清平乐》(听杨姝琴)是李之仪和朋友黄庭坚同听当涂名妓杨姝弹琴时所作;《蓦山溪》(少孙咏鲁直长沙旧词,因次韵)就是依黄庭坚原作的韵而和。这些历史上的名人,学生原先觉得遥不可及,通过李之仪词作的鉴赏阅读,不仅能开阔学生视野,直观感受到诗词来源于生活,提高学生诗词学习兴趣,也能让历史人物鲜活起来,提高学生对与家乡相联系的历史名人的亲近感,增强学生对家乡的了解,无疑还会促进学生诗词鉴赏能力的提高。

(三)开设以李白、李之仪当涂诗词为内容的专题报告

李白、李之仪作为本地历史文化名人,已引起社会各界的重视,出现了许多这方面的专家。我们邀请当涂史志办的专家给学生开设"李之仪与当涂"的专题讲座。课题组成员在厘清李白、李之仪当涂行踪,研究李白、李之仪诗词的过程中,对李白、李之仪的生平事迹以及与其他历史文化名人交往,有了较清晰的了解,如李白与谢朓的关系,李之仪与苏轼、贺铸、黄庭坚、梅尧臣的酬和应答等;对李白、李之仪当涂诗词的主要作品也搜集得较全。还开设了"李白李之仪与历史名人""李白的山水园诗"等专题讲座。这些专题讲座,丰富了学生的校园生活,拓宽了学生语文学习的渠道,开阔了学生眼界。

(四)指导学生以李白、李之仪当涂诗词为研究对象的研究性学习

首先,设计以李白、李之仪当涂诗词为内容的研究性学习方案。内容包括:
(1)课题背景、意义及介绍;(2)研究性学习的教学目的和方法;(3)参与者特征

分析;(4)研究的目标与内容;(5)研究的预期成果及其表现形式;(6)资料准备;(7)研究性学习的阶段设计(包括动员、培训阶段,实施阶段,总结、反思阶段)。

其次,组织学生进行研究性学习。教师给予指导,要求学生撰写研究阶段性报告、总结性报告及研究小论文。

最后,成果反馈、总结表彰。对写得好的研究性材料,公开展览,供学生阅览;让研究有心得的同学给全班同学演讲;对研究性小论文进行评比,优胜者给予表彰。

(五)利用李白、李之仪当涂诗词开展社会综合实践活动

与学校政教处、团委协调,开展以"李白、李之仪在我家乡"为内容的综合实践活动。要求学生通过查阅资料、走访、实地查看等方式,了解家乡哪些山、哪些河、哪些名胜古迹成了李白、李之仪诗词的写作对象,进行综合社会实践活动,并填写《社会综合实践活动表》,作为学生参加社会综合实践活动的实证材料。

(六)开展以李白、李之仪当涂诗词为内容的中华经典诵读、书法、作文比赛、小诗人大赛等活动

我们遴选了李白、李之仪的部分当涂诗词,如李白的《望天门山》《姑孰十咏》《临路歌》《赠丹阳横山周处士惟长》《江上秋怀》《横江词六首》,李之仪的《卜算子·我住长江头》《忆秦娥·用太白韵》《临江仙·登凌歊台感怀》《偶题》等,作为学生中华经典诵读、书法比赛的内容。要求学生弘扬古人传统,进行诗歌写作,多名学生参加市《红星杯》小诗人大赛,多名学生诗作发表在《皖江晚报》上,学校也因此获得优秀组织奖;"中华经典诵读活动"也登载在市教育局网站上;"李白在我家乡""李之仪在我家乡"为题的作文比赛也在全校学生中开展。

课程即活动。杜威认为"课程最大流弊是与儿童生活不相沟通,学科科目相互联系的中心点不是科学,而是儿童本身的社会活动"。通过研究成人的活动,识别各种社会需要,把它们转化成课程目标,再进一步把这些目标转化成学生的学习活动。这种取向的重点是放在学生做些什么上,这种以活动为取向的课程,注意课程与社会生活的联系,强调学生在学习中的主动性,是一种探究性的教学,也是按照诗词鉴赏规律,丰富诗词鉴赏内容,促进和改善诗词有效教学策略的新探索。

四、李白、李之仪当涂诗词课程化开发的意义

从学生角度看，改变了学生在教学中的地位，从被动的知识接受者转变为知识的共同建构者，从而激发学生的学习积极性和主动性。利用李白、李之仪留存的古诗词进行语文教学，可以丰富语文教学的内容，可以培养学生的审美能力和热爱地方文化的情怀。让学生读到与自己家乡直接关联的诗词，可以激发学生的自豪感，增进对家乡历史文化的认识，丰富知识，陶冶情操，增强对家乡的热爱。

从教师角度看，以新课程标准为理论依据，按课程资源开发的要求，遵循诗词教学的规律，以开发出校本教材《李白李之仪当涂诗词赏析》为依托，与课程标准要求相统一，与高考复习选材勾连，并利用它开展语文教学、教研活动，对教师教学观念、教学策略的改进都会起到推动作用。

走进自然，走向社会，了解文化，学会生活，是新课程改革对学生的要求；让自然、社会、文化、生活走进课堂，是语文教师的职责。我们的家乡——当涂，是一块人文荟萃的地方，这里有辉煌的历史文化，也充满着时代发展的蓬勃生机，但今天的青少年学生对家乡却了解甚少，因此，教育工作者应当承担起引导他们了解、认识家乡的义务。作为语文教学资源，我们将充分考虑教与学的方式方法，充分利用自然和人文环境，将知识与技能、过程方法、情感态度与价值观作为教学追求整体目标。当涂人民因有李白、李之仪而自豪，当涂的山水古迹因有大诗人诗词的润色而灵秀，当涂的学子必将因读李白、李之仪当涂诗词，更多更深地了解家乡，热爱家乡。如此说来，我们进行的"李白李之仪当涂诗词课程化开发研究"是很有意义的事，借得己山石，雕成如意玉。我们决心以本课题被省级立项为契机，深入研究、勇于探索、勤于实践，让李白、李之仪诗词走进我们的语文课程。

（此文发表于《学语文》2013 年第 6 期，有改动）

反客为主也显精要

　　必修教材、选修教材在教材体系中,是课程学习内容的主体,习惯性地被视为"主",而其他的辅助性教材(校本教材)、资料则处于从属、补充、辅助地位,被视为"客"。常规做法是,以"主"为主,以"客"为辅,"主"是知识积累、能力、情感价值观诸方面培养的主渠道。以新课程标准的精神为依据,有时改变一下两者的地位,在实现总体教学目标的前提下,来个"反客为主",同样也能起到意想不到的教学效果。

　　以李白当涂诗词《横江词六首》教学为例,我进行了这方面的教学尝试。

　　在教学选修教材《唐诗宋词选读》第三章节"豪放飘逸的李白诗"时,我通过对教材的仔细研读,对教学意图的认真揣摩,发现本章节的教学目标可定为:(1)能初步了解李白的生平事迹及其人格魅力;(2)能借助注释鉴赏本专题中李白的代表作品;(3)初步体会李白诗歌"豪放飘逸"的诗美特点及其内涵。本章节的教学内容与课题组正在开展的省级立项课题"李白李之仪当涂诗词课程化开发研究"在内容上有着相当程度的契合,是进行课题研究内容与教学内容融合的良机。从教学目标一"李白的生平事迹及其人格魅力"分析,学生在高中必修课教学乃至初中阶段就已经涉及,李白在当涂的行踪、许多作品也在课题研究中多有介绍,在教学本章节时只要进行复习梳理即可。教学目标二"借助注释鉴赏所选的李白作品",这本是诗词教学一直在坚持的做法。唯有教学目标三"初步体会李白诗歌'豪放飘逸'的诗美特点及其表现形式的内涵",是这一教学单元重要的且独特的教学目标。将必修教材、选修教材作为教学的主要内容,把课题研究中"李白李之仪当涂诗词"在主要内容教学中相机穿插、拓展,作为课堂教学内容的补充、延伸,已经成为探索"李白李之仪当涂诗词课程化"课题研究一直在坚持的做法,能不能另辟蹊径呢?

　　我对相关参考书籍进行了研读,了解到李白是唐代伟大的诗人,既有自己独特的风格,又兼各家之长,他既以"豪放飘逸"而成为唐诗中不可企及的典范,又兼有旷达、潇洒、清新、俊逸之美。"初步了解李白诗美的典范性特征"是选修课学习李白诗的必然要求,也是本课题研究李白当涂诗词的目标之一。蔑视权贵的傲气,高标出世的洒脱,面对离情的磊落,呼酒买醉的旷达,是其情感的内涵;迷人的仙境,皎洁的月亮,萧萧的斑马,奔腾的黄河、长江,是其"豪放飘逸"的意象设置;奇特的想象,大胆的夸张,巧妙的拟人是其常用的手法。窥一斑而知全豹,借一苇而渡大江,读李白诗拨开形式的浮云,走进其灵魂的深处,生命的珍视与张扬,人格的维护与崇拜,世俗的看破与俯视,是如此的鲜明。当读到李白的当涂诗词《横江词六首》时,就强烈地感受到上述"情感内涵""意象设置""手法运用"等特征,产生了一种将之引进课堂,并作为教学主体内容的想法。

《横江词六首》教案,就是根据以上想法而设计出来的。

一、学习目标

1. 了解诗中运用的修辞方法,体会李白诗运用大胆的想象与夸张而显示的豪放飘逸的特点。

2. 分析诗中作者蕴含的情感,从情感内涵去体会李白诗的豪放飘逸。

二、课堂学习

1. 出示"李白生活经历"及作者创作《横江词六首》的背景。

2. 李白诗"豪放飘逸"的特点表现形式:蔑视权贵的傲气,高标出世的洒脱,面对离情的磊落,呼酒买醉的旷达。

3. 意象:迷人的仙境,皎洁的月亮,萧萧的斑马,奔腾的黄河、长江。

4. 手法运用:奇特的想象,大胆的夸张,巧妙的拟人。

三、自主学习与展示

(一)自主学习内容

1. 大声朗读校本教材《李白李之仪当涂诗词赏析》中的《横江词六首》。

2. 逐首默读《横江词六首》,概括每首诗的主要内容。

3. 划出六首诗中运用修辞的诗句,并指出它运用了何种修辞手法,体会这些诗句的情感内涵。

（二）小组展示

1. 每一组推荐一位同学,分别诵读《横江词六首》,共六组。

2. 每一组同学推荐一位同学,分别概括《横江词六首》每首诗的主要内容,小组其他同学可相机补充。

3. 每一组推荐一位同学找出每首诗中运用的修辞,并说说是何种修辞手法,谈谈对这些诗句情感内涵的认识。

四、合作探究

《文心雕龙·物色篇》中有"随物宛转""与心徘徊",说的是诗人在写诗的时候,既是根据事物来写,也是按照心情来写;既是写外在事物,也是写内在心情。说说李白在《横江词六首》中蕴含的情感。

形式:小组讨论,形成统一意见后,推荐一位同学表达小组意见。

五、训练反馈

阅读选修教材《唐诗宋词选读》中的《将进酒》,划出这首词中的修辞方法,并结合全诗的内容说说作者是如何"借悲写豪,寓悲于豪"的。

六、课堂小结

1. 学生小结。

2. 教师小结:《横江词六首》是一组借景写情、寓情于景的政治抒情诗,作者既是写横江,也是在写此期生活经历和思想感情;既是写大自然,也是写自己。就诗的情调而言,情感激荡,格调高昂;意象设置上有奔腾的长江;手法的运用,有奇特的想象,大胆的夸张,巧妙的拟人。充分表现了诗人"豪放飘逸"的风格。

从教学效果看,由于采用的"自主学习发现问题,合作学习研究问题,探究展示尝试解决问题,训练反馈检测效果的"的教学模式,学生积极性得以激发。《横江词六首》成为实现教学目标的主体,《将进酒》成为教学效果检测的客体,同样可以实现本单元的教学目标。由于《横江词六首》是李白路过当涂去宣城途中所写,学生觉得新鲜,兴趣更高。

反客为主,同显精要,是省级立项课题"李白李之仪当涂诗词课程化开发研究"关于课程化利用的一个可供探讨的教学案例,是教育家叶圣陶先生"教材无非就是一个例子"的教学思想在具体教学上一次实践,这对教师长期以来"以本为本,照本宣科"的传统习惯是一次颠覆,举类迩而见义远。

利用地方课程资源对新疆内高班学生进行
中华优秀传统文化教育

我校是安徽省唯一的新疆内高班承办学校,学生来自新疆和田地区皮山县,大部分是维吾尔族,学生完成在我校四年(其中一年预科)的学习后将返回新疆高考。能不能以优质的办学水平,培养德才兼备的好学生,关乎学生的前途、家长的期望、党和国家的重托,可谓使命光荣,责任重大。教好书,提高学生的学业成绩自不待说;育好人,增进新疆学生中华民族的自豪感、使命感、责任感,让他们能尽快地融入内地的学习与生活,是我们承办学校教师的重要的义务和责任之一。如何增进新疆学生中华民族的自豪感、使命感、责任感,让他们能尽快地融入内地的学习与生活呢? 结合我校在研的全国教育科学"十二五"规划2012年度教育部重点课题"对口支援新疆高中班实施中华优秀传统文化教育的实践研究",我们进行了一些研究,具体做法是:利用地方课程资源对新疆班学生进行中华优秀传统文化教育。

文化是一个民族的根基、血脉和精神家园。中华传统文化,是中华文明成果根本的创造力,是民族历史上道德传承、各种文化思想、精神观念形态的总体。中华优秀传统文化是民族的"根"和"魂"。"欲木之长者,必固其根本,欲流之远者,必浚其泉源"(唐魏征《谏太宗十思疏》),习近平总书记在谈到中华优秀传统文化之于中华民族重要意义时就曾引用过它。在新疆班学生使用的统编教材中,蕴涵着许多优秀的传统文化要素,在学科教学中进行教育是必要的,而挖掘并利用地方课程资源中的优秀传统文化,则可以顾及新疆班学生特点,以一种看得见、听得清、触摸得到、感受真切的方式进行,形式多样,针对性强。从地方课程资源开发和利用看,它结合了本地的优势和传统,可以根据国家教育方针、课程管理政策和课程计划自主开发、实施和管理,具有一定的针对性和灵活性;从新疆班学生特点看,他们远离家乡和父母,在陌生之地求学,亟须有适应他们的课程,促使他们与内地学生、学校、社会尽早融合。经过细致的分析,缜密的论证,我校利用本地课程资源开发了《李白李之仪当涂诗词赏析》《千字文》等校本教材,供新疆班乃至全校师生使用,因地制宜地适时开展中华优秀传统文化教育。在此,我试以地方课程资源李白李之仪当涂诗词对新疆班学生进行中华优秀传统文化教育为例,谈谈做法。

（一）通过李白、李之仪当涂诗词中的地域文化的教学,促使新疆班学生尽快熟悉身边的环境

当涂,千年古县,历史文化丰厚,是南朝大文人《千字文》的作者周兴嗣、宋代知名诗人郭祥正的出生之地,历史名人谢朓、苏轼、黄庭坚、贺铸等都曾生活或造访过此地。据史料记载,唐代大诗人李白曾先后七次到过当涂,宋代诗人李之仪因触犯当朝宰相蔡襄编管于当涂,两位诗人皆寓居当涂多年,生游当涂,终老当涂,李白葬于当涂青山南麓,李之仪葬于当涂藏云山致雨峰下。生前,两位诗人的足迹踏遍这里的青山绿水,留下了众多的诗词佳作。经考证,有关当涂的诗词,李白有59首之多,将李之仪平生所作诗词以《姑溪词》(姑溪,当涂县城城畔河流)命名汇编,也有数十首。他们的诗词,或以当涂山水为歌咏对象,或因登临某山涉临某水而兴感。新疆班学生学习、了解这些诗词,既能了解此地的风土人情,又能感受此地的历史文化,领略中华优秀传统文化的历史与现实的传承。在具体实施过程中,首先通过教师的讲座、课堂上的教学、学生的自读等方式,让学生尽快熟悉李白、李之仪描绘于当涂诗词中的自然风光、人物风情、民间传说、名胜古迹。其次开展以"寻访诗人的足迹,了解我们的第二故乡"为主题的研学活动,带领学生实地探访、考察。青山脚下的太白墓园、采石矶公园的太白楼及李白衣冠冢,人流如织,慕名而来的游客络绎不绝,学生从中感受到中华民族的后代子孙们对彪炳千古的伟大诗人的景仰。天门山、横山、黄山塔下的凌歊台、姑溪河畔的钓鱼台,李白、李之仪曾以此为歌咏对象写下过名传后世的诗词佳作,如今已是一片繁荣景象。历史和现实在这里交汇,诗情与心情在这里融通。悠久的历史文化以一种直观的形式显现,优秀的中华文化传统以一种鲜活的姿态展示于新疆班学生的面前。通过此种学习活动,新疆班学生既提高了诗词学习的素养,增加了人文的底蕴,又很快熟悉了学校周边的环境,加快了身心的融入,同时以一种贴近的方式了解、感受了中华优秀的传统文化。

（二）以李白、李之仪当涂诗词为教学内容，引导学生了解并感受中华优秀传统文化的内涵

李白、李之仪当涂诗词，不仅艺术水平高，而且思想内容体现了隶属于中华优秀传统文化的当涂历史文化诸多要素。在整编校本教材之时，编写者就以课程的视角对诗词的内容进行了认真的分析，遴选出适宜学生阅读的诗词，遵循语文教学及诗词鉴赏的规律，按思想内容分成"即事感怀""山水田园""怀古咏史""相送惜别""咏物言志""家国之思"六类，辅之以"开首语""引言""注释""赏析"，学生阅读难度得以降低。在学习的方式上，主要采用学生自学、选修课教学、集中讲座等形式。在李白、李之仪当涂诗词中秀美的山水田园的风光描绘，体现了诗人对大自然的赞美、对生活的热爱，或表现了遭受挫折后精神超越于污浊的世俗之外，进入一个逍遥自在、自我陶醉的世界，感受壮志未酬自我岁月蹉跎后与自然亲近的情感，或表现了一种忧国忧民忧天下的忧患意识，体现了以修身、齐家、治国、平天下来实现自己生命价值的理想，表达了"安社稷、济苍生"的壮志豪情；敬师长，重友情、爱生活等内容也不乏见，体现了大爱大义，至真至诚。这些内容体现了中华优秀传统文化的内涵。新疆班学生通过对这些诗词的学习，了解并体会到了诗词中蕴含的中华优秀传统文化，在潜移默化中感受中华优秀传统文化的魅力并渐受其影响。

（三）以李白、李之仪当涂诗词为活动载体，加快新疆班学生与内地学生的融合，提供新疆班学生展示中华优秀传统文化学习成果的活动平台

为加速新疆班学生与内地学生的融合，学校开展了以"李白李之仪当涂诗词"为内容的丰富多彩的活动。在课间操期间，新疆班学生参加了全校的"千人诵读"活动，齐声诵读李白、李之仪部分当涂诗词；在全校开展的"李白李之仪当涂诗词中华经典诵读活动"中，新疆班学生或载歌载舞，或高声吟诵李白、李之仪诗词。在以"李白李之仪当涂诗词"为内容的书法比赛中，新疆班学生毛笔书法、硬笔书法均有多人获奖。在全校开展的"李白李之仪在我家乡"的征文评选活动中，新疆班学生和内地学生都将学校所在地认作是自己的家乡，表达了对诗人对家乡的热爱，也抒发了因为家乡有这样著名的诗人而产生的自豪之情。特别是在各种校外活动中，新疆班学生往往很流利、很深情地吟诵李白、李之仪

当涂诗词,如在马鞍山市举办的"喜迎十九大,颂歌献给党"的歌咏比赛中,新疆班学生以"当涂,我怎能不爱您?"为主题,声情并茂地朗诵了李白、李之仪当涂诗词。在这些活动中,新疆学生与内地学生同台展示,展现了自己特有的魅力,增强了自信,越来越深地理解并体验了地方课程资源中的中华优秀传统文化,展现了从地方课程资源中学习并汲取中华优秀传统文化的丰硕成果。

我与《望天门山》《卜算子·我住长江头》的半世情缘

"天门中断楚江开,碧水东流至此回。两岸青山相对出,孤帆一片日边来。"李白这首《望天门山》,我第一次读它,那是20世纪70年代中后期的事了。那时我刚上初二,还是一个懵懂的少年。高考恢复两年了,校园里肯读书的人多了起来。我从小学到初中,学工学农学打架学爬车,就是不好好学习功课。原来只是希望我识几个字的父母,也开始唠叨我的学习了。我们的班主任也是我们的语文老师,镶着一颗亮晶晶的牙,最让我不敢正眼看的是他那双眼睛,那双眼睛好像能看透你心中的小把戏,所以我常常只敢偷偷地觑他一眼。他的语文课是我唯一不敢看小人书的课。因为敬畏,语文课是我所有课中最认真的,成绩单上也就语文成绩能看看。《望天门山》到底是我们使用的省编教材上的还是老师找来的,我已记不清了,但依稀记得语文老师让我们读,读它个十来遍,于是高高低低的声音在教室里响起,我依稀记得自己当时读得有点像小和尚念经,边读边想,在读中似乎渐悟到了一点"禅意",最喜爱那句"孤帆一片日边来"。读着读着,耳边其他人读书的声音听不见了,脑海中闪现了有点像电影《铁道游击队》中"阳光照在微山湖中,游击队员扬帆远去"的画面,画外音却是当涂乡间梦幻悠扬的夯歌声。接着,语文老师朗读,是那种耳熟的乡音。然后是语文老师的串讲,讲到作者是李太白,还是什么诗仙,马上联想到晚上听大鼓书的人说的那太白金星,雪髯飘飘,手执拂尘,不知道那李太白是不是神仙太白金星,也不敢问。最让我大吃一惊的是"天门山就在我们当涂",心中陡生与玩伴去实地玩一玩的冲动。随后老师说的话,让这种冲动像皮球泄了气,原来那天门山在靠近芜湖的大桥镇,比县城还远。那时交通很不方便,在我们心目中县城已是遥远,那芜湖岂不更遥不可及?《望天门山》写什么?怎么好?当时一点儿也不知道。但从此便记得一个李太白,记住了这首写当涂的诗。

当我第一次读到李之仪的《卜算子·我住长江头》这首词时,我已是一名师范生。凭着一年多的苦读,我这个乡下顽皮的毛孩子竟然以不错的成绩考上了中专。当时语文老师很为我自豪,据说是因为我语文中考全县第一,也不知真假,不过在我所就读的师范是第一,一进班就当了语文科代表,是我学生生涯中唯一一次当班干。当时我们的教材很乱,好像《语文》使用的是小开本的北京市高中教材,还有《语文基础知识》,另有古今中外诗、词、赋、小说、散文、戏剧样样齐全的《文选》,我师范生活中最喜欢的就是语文,与我关系最密切的是语文老师,让我能够有些自信的也是语文成绩。当时,我担任校黑板报和墙报的通讯员,热情很高,写些散文,也写点小诗"发表",班上也有了一些"粉丝",当时我有一个让人羡慕的名称叫"文学青年"。图书室管理员是我们的英语老师,所以借书方便。课余竟不知天高地厚地啃起《中国文学史》来,记得共四册,游国恩主编的,在介绍宋代词人的章节里就有李之仪和他的《卜算子·我住长江头》。那时我对陈毅的诗很感兴趣,在课本上读过《梅林三章》,对陈毅很敬佩,又在某本书上读到过陈毅的《赠缅甸友人》:"我住江之头,君住江之尾,彼此情无限,共饮一江水。"觉得李之仪的《卜算子·我住长江头》与之很相似,爱屋及乌,喜欢上了这首词,就摘抄下来,并偷偷地背它,只是背到"只愿君心似我心,定不负相思意"时要矮一个八度,还要张望一下,看有没有人注意,因为当时感觉实在有点像情诗,在我们那个年代说一个"爱"呀"相思"呀,总要脸红到脖颈,更怕有同学说:"你相思谁呀?"当时又觉得这作者好像应该是个女子,因为词中"君"呀"君"的,那"君"是对男子的称呼呀,读它好像能闻到一股脂粉味儿,心中涌起一团团温馨。

1983年,夏天的炎热还未消退,刚过十八周岁的我走上了讲台,当上了一名语文教师。《望天门山》不知教过多少遍。刚开始教书,不怎么会教,用的是我们过去语文老师的套路,读读讲讲,也极少提问。后来又听说这种串讲式不行,要用启发式,上课又多了一些提问,无非是这首诗是谁写的呀,他是哪个朝代的人呀,他是一个什么样的诗人呀,又称作什么呀,这首诗是律诗还是绝句呀,是哪种类型的绝句呀,它主要写了什么内容呀,表达什么情感呀。答案也早在老师的教案上了,用红字标得清清楚楚。后来感觉自己是个成熟的教师了,又增添了一些"诗的节奏""诗的意象""诗的色彩""诗的动词妙用"等问题来考学生。学生个别读、分组读、齐读,一堂课上得热热闹闹。学生回答对老师胃口,就被赞扬一番;与答案不合,就来一番教诲。学生对老师佩服得五体投地。本来嘛,你学生只一杯水,我老师可是一桶水呀。学生答案被要求整齐划一,至于喜欢不喜欢,读出了什么滋味,那就看学生的造化了。这首诗,小学教过,初中也教过，一直到我去高中任教，就再也没有专门作为课文来教了，只是偶然在给高中生举例子时，给学生讲一下。《卜算子·我住长江头》在高中课文中没有出现过，出于对这首词的喜爱，我也常常拿出来让学生与同词牌的词做比较阅读，如陆游和毛泽东的《卜算子·咏梅》。有趣的是，好多学生张口能背，我就好奇地问："在初中学过？"有学生说学过，更多的学生说没有，据说在课本"诗歌附录"上有这首词。我又问："没学过，怎么会背？"学生大声说："感兴趣。""为什么感兴趣？"我追问。"那是一首情诗呗。"学生回答落落大方，全无一点儿我年轻时候的羞涩。现在的学生已不是当年的我们！这，多少勾起了我一点儿对往事的回忆，增添了我一点儿时代变迁的感慨。

时光流转，不知不觉，我已人到中年，眼见县城里高楼大厦越来越多，车流越来越挤，总爱步行于城市公园的护城河畔，思考一些教学上的问题，想做一些事情。于是便想到了做一个课题，做什么呢？近几年新课改在各地如火如荼地开展，课程资源开发利用迫在眉睫，平时看《马鞍山日报》《皖江晚报》，上面有许多写李白、李之仪的文章，其中一篇《我们有李白，还有李之仪》的文章对我触动很大：李白、李之仪已成为当涂乃至马鞍山的文化名片，而一个语文老师却对此无动于衷。我多年教学李白的《望天门山》、李之仪的《卜算子·我住长江头》，这两首诗词已深深地印在我的心田里，可许多学生并不知道当涂是两位大诗人的终老之地，对两位大诗人在当涂的其他诗词也知道得不多。于是就想来个"经典重读"，由这两首诗词作引子并推而广之，将李白、李之仪在当涂的诗词搜集、遴选、整理成一本校本教材，供高中的学生阅读。通过整理，我们收集了李白在当涂留下的近五十首诗，内容涉及当涂的山山水水，有的就是我们家门口的一座山，身边的一条河。李之仪的《姑溪词》就是以当涂城关南侧的姑溪河而命名。李之仪的安葬之地藏云山，就在我二十多年前工作过的中学北侧。我当时并不知道，更没听当地人说过。后来，通过查阅有关史料，了解到李之仪与苏东坡、秦观、黄庭坚、郭祥正等古代名流交往频繁，应和之作很多，不仅留有《姑溪词》多卷，也留下了他与当涂艺妓杨姝的爱情佳话。李白、李之仪，一为唐代顶尖诗人，一为宋代杰出词人，雄奇秀丽的天门山触动了诗仙的灵感，于是便有了千古绝句《望天门山》，当涂民歌浸润着李之仪的情感，这才有了以《卜算子·我住长江头》为代表的《姑溪词》。在这过程中，我将自己喜爱的《望天门山》和《卜算子·我住长江头》在周边省市教材中使用的情况摸了一下底，《望天门山》是人教版、苏教版、沪教版三年级教材的重要课文，江西省则安排在九年级。《卜算子·我住长江头》可见于七年级人教版、苏教版、沪教版的教材,至于像《中学生阅读(高中版)》《高中语文课外阅读宋词名作精选》《宋词三百首》等供中学生阅读的课外教辅用书中使用的更多。我从事语文教学已近三十个年头,深知被选入教材的诗文所产生的巨大影响,它影响的是一批批、一代代中小学生,对某个个体而言,它可能是一生。我想,当学生读到这两首诗词时,他们也许会由此知道安徽、马鞍山、当涂。作为一个土生土长的当涂人,我由《望天门山》熟悉了李白,由《卜算子·我住长江头》知道了李之仪,教会了学生,又要教给学生的子女,跌跌撞撞几十年,许多往事由它触动,许多情丝由它牵起。它们见证了我教学上的成长,也见证了我语文认识水平上的提高。

写到这里,我忽然想起当涂民歌《车水号子》:"车水唱山歌,山歌唱不休,知心话实在多,难息口。车水唱山歌,小妹伴郎走。两个人手牵手,乐悠悠。车水唱山歌,水边一对鹅。母鹅跟雄鹅走,叫哥哥。车水唱山歌,沟水溅起波。浪花子遍水沟,起漩涡。车水唱山歌,脚踏车棰走。一边唱一边和,乐呵呵。"

那悠扬的旋律,深情的歌词,让我心醉神迷。我不知道李之仪有没有听过,但我感觉,这首民歌与《卜算子·我住长江头》之间,有些渊源,有些异曲同工,只不过一位是乡间村姑,一位更像大家闺秀。不知不觉中,我又想起我最初读《望天门山》的往事,感觉它就像李白诗中的"孤帆",在过午的太阳的光辉照耀下,从遥远的记忆深处——"日边"缓缓飘来。

语文老师陈宏宝眼中的《望天门山》与《卜算子·我住长江头》

况安轩

万里长江自西向东浩浩荡荡,一倾千里。流至天门山时,竟然来了一个不可思议的大回转,向北折去。就这样"江南"成了"江东"。于是,当代大诗人李白行至当涂时,便挥毫写出了千古传诵的名诗《望天门山》:"天门中断楚江开,碧水东流至此回。两岸青山相对出,孤帆一片日边来。"而就在300多年后,宋代著名诗人李之仪也在当涂姑溪河畔驻足良久,看着潺潺的流水,在钓鱼台上吟诵出了千古绝唱《卜算子·我住长江头》。两位跨越时空的诗人,便在这片土地上紧紧联系在一起。

作为一名语文老师,马鞍山当涂二中教师陈宏宝与《望天门山》《卜算子·我住长江头》结下了半世情缘,不仅在学生时代认真学习过《望天门山》,还在近30年的教学工作中,向一届届中小学生们讲授了《望天门山》

《卜算子·我住长江头》，让更多学生知道了李白、李之仪，了解到马鞍山这座城市丰富的人文底蕴。

《望天门山》《卜算子·我住长江头》登上中小学生语文课本

《望天门山》《卜算子·我住长江头》作为两首反映马鞍山人文风情的诗词，不仅传颂千年，还登上了语文课本，成为中小学生们学习的课文。

据陈宏宝介绍，《望天门山》是人教版、苏教版、沪教版三年级教材的重要课文，江西省则安排在九年级；《卜算子·我住长江头》可见于七年级人教版、苏教版、沪教版的教材，至于像《中学生阅读(高中版)》《高中语文课外阅读宋词名作精选》《宋词三百首》等供中学生阅读的课外辅助用书中使用的更多。

对于两首诗词入选语文教材的意义，有着近30年教龄的陈宏宝深知其影响深远。在他看来，这两首诗影响了一批批中小学生，如果对某个个体而言，可能将影响一生。当很多学生在课本上读到这两首诗词时，他们也许会由此知道安徽，知道马鞍山与当涂。作为一名土生土长的当涂人，陈宏宝由《望天门山》熟悉了李白，由《卜算子·我住长江头》知道了李之仪，不仅教会了学生，也教给了学生们的子女，见证了几代人的成长。

在诗词的引领下成长，如今成了有着丰富教学经验的老师

从初次接触《望天门山》《卜算子·我住长江头》到熟知这两首诗词，陈宏宝已经不知不觉过了几十年，在诗词的引领下逐渐成长，使他从一名学生转变成了一名有着丰富教学经验的中学老师。

陈宏宝回忆，第一次读李白的《望天门山》，还是20世纪70年代中后期。那时他刚上初二，还是一个懵懂的少年。当年读的《望天门山》到底是使用的省编教材上的，还是老师自己找来的，陈宏宝已经记不清了，但依稀记得语文老师让他们读，读它个十来遍，于是高高低低的声音在教室里响起。

在学习《望天门山》的过程中，当老师介绍天门山就在马鞍山当涂时，这让陈宏宝非常惊讶，心中顿时升起与玩伴去实地玩一玩的冲动。不过老师后来继续讲的话，让他这种冲动像皮球泄了气一样。原来天门山靠近芜湖的大桥镇，比去县城还远。那时交通很不方便，在他们心目中县城已是遥远，那芜湖岂不更遥不可及？《望天门山》写什么？怎么好？当时一点也不知道。但从此便记得一个李太白，记住了这首写当涂的诗。

与读《望天门山》时的懵懂相比，陈宏宝第一次读到李之仪的《卜算子·我住长江头》时，他已经是一名师范生了。

在师范生活中，陈宏宝最喜欢的就是语文了，并担任校黑板报和墙报的通讯员，热情很高，日常会写些散文，并利用课余时间读起了游国恩主编的《中国文学史》。在介绍宋代词人的章节里就有李之仪和他的《卜算子·我住长江头》，遂喜欢上了这首词，就摘抄下来，并偷偷地背它。陈宏宝回忆，当年在背到"只愿君心似我心，定不负相思意"时，还要张望一下，看有没有人注意，因为当时感觉实在有点像情诗，在我们那个年代说一个"爱"呀"相思"呀，总要脸红到脖颈，更怕有同学说："你相思谁呀？"现在想起当年的感受，还仍然历历在目。

有的学生虽未学过《卜算子》，却能背诵

当时间到了1983年秋天时，夏天的炎热还未消退，刚过了18周岁的陈宏宝便走上了讲台，当上了一名语文教师，开始向自己的学生讲述《望天门山》和《卜算子·我住长江头》。

陈宏宝介绍，刚开始教《望天门山》和《卜算子·我住长江头》，还不怎么会教，用的也是过去语文老师的套路，读读讲讲，也极少提问。后来又听说这种串讲式不行，要用启发式，上课又多了一些提问，无非是这首诗是谁写的呀，他又是哪个朝代的人呀，它是一个什么样的诗人呀，又称什么呀，这首诗是律词还是绝句呀，是哪种类型的绝句呀，等等。答案也早在老师的教案上了，用红笔标得清清楚楚。后来感觉自己是个成熟的教师了，又增添了一些"诗的节奏""诗的意象""诗的色彩""诗的动词"等问题来考学生。学生个别读、分组读、齐读，一堂课上得热热闹闹。"有的学生虽未读过《卜算子·我住长江头》，但却背诵如流。"陈宏宝告诉记者，他在小学和初中都专门为学生讲过这首诗，不过等他去高中任教，就再也没有专门作为课文来教了。虽然《卜算子·我住长江头》在高中课文中没有出现过，但出于对这首词的喜爱，陈宏宝也常常拿出来让学生与同词牌的词做比较阅读，有趣的是，好多学生张口能背。

陈宏宝介绍，每逢遇到这种情况是他就会问学生："在初中学过？"有的学生说学过，更多的学生说没有。于是又继续问："没学过，怎么会背？"学生大声说："感兴趣。""这是个什么样的诗？"他又追问。"那是一首情诗呗。"学生回答落落大方，全无一点儿自己年轻时候的羞涩，也勾起了对往事的

回忆,增添了时代变迁的感慨。

重读经典,诗词古韵香满校园

时光流转,转眼已到中年,陈宏宝总会思考一些教学上的问题,想做一些事情。而近几年新课改在各地如火如荼地开展,课程资源开发利用迫在眉睫,因为平时爱看《皖江晚报》,上面有许多写李白、李之仪的文章,其中有一篇《我们有李白,还有李之仪》的文章就对其触动很大:李白、李之仪已经成为当涂乃至马鞍山的文化名片。

陈宏宝介绍,自己多年教学李白的《望天门山》和李之仪的《卜算子·我住长江头》,这两首诗词已经深深地印在心间,可许多学生并不知道当涂是两位大诗人的终老之地,对两位大诗人在当涂其他的诗词知道得不多。于是就想来个"经典重读",由这两首诗词做引子推而广之,将李白、李之仪在当涂的诗词搜集、遴选、整理成一本校本教材,供高中的学生阅读。

陈宏宝表示,通过整理,他们收集了李白在当涂留下的近五十首诗,内容涉及当涂的山山水水,有的就是家门口的一座山,身边的一条河。像李之仪的《姑溪词》就是以当涂城关南侧的姑溪河而命名;李之仪安葬之地藏云山,就在他二十多年前工作过的中学北侧。同时通过查阅有关史料,了解到李之仪与苏东坡、秦观、黄庭坚、郭祥正等古代名流交往频繁,迎合之作很多,不仅留有《姑溪词》多卷,还留下了他的爱情佳话。

李白、李之仪,一为唐代顶尖诗人、一为宋代杰出词人。雄奇秀丽的天门山触动了诗仙的灵感,于是便有了千古绝句《望天门山》,当涂民歌漫润着李之仪的情感,这才有了以《卜算子·我处长江头》为代表的《姑溪词》。

(选自《皖江晚报·教科书中的马鞍山》)

当我第一次走上讲台时,还是一个不满19岁的年轻人,得到过许多长辈同行的帮助和提携,现在的我早已超过他们当初的年龄,但那一幕幕温馨的画面,至今仍常浮现,每当想起,犹如一抹阳光在心田照耀。虽然我至今仍是一个普普通通的教师,但是自己取得的一点点的成绩,都离不开教育领域一些领导与同行的信任与勉励。他们美好的德行影响着我,感召着我,也激励着我一路前行。我因而常常感恩于心。带着这颗感恩的心,我努力地以他们为榜样,去关心帮助年轻的教师。

怎么帮助呢?

县教育局的领导曾给了我这个机会,让我连续四年担任新录用教师岗前职业技能培训任务。我把自己多年对于教育、教师、教学的学习与思考写成培训稿与年轻教师交流,虽然他们不一定能理解我何以会如此激情,但是我做到了敞开心扉而无愧于心。我还主持了两届中学语文名师工作室,带了一帮年轻人做课题、搞教研、做培训,又给了我表达拙见的机遇与平台。本编中收录的内容虽留有讲话稿的痕迹,可确是我对自己从事的教育行业的研究与思考。大方之家可讥其为学术性不强,但敝帚自珍,不忍割爱。

作为一个教师,要珍惜自己的三尺讲台;而作为一个普通教师能有一个己展示自我、表达见解的平台,虽然他的对象不再是学生,而是教师,但应该倍加珍视,因为不是每一个教师都有这样的机会。我珍惜着这些机遇,把我的所学、所思、所做写出来,在这样的平台上与年轻的教师交流。其中,《做一个有思想力的专业化教师》《读书,研究,写作——教师专业成长的三个支点》等篇就是我从教的感悟,也包含了我走过弯路之后的经验教训。我寄希望于年轻教师走得更稳更好。

做一个有思想力的专业化教师

有人把教师比作灵魂工程师,这个比喻很多教师同行不太认可,认为它赋予教师的责任太重了。是的,教师这个行业同许多普通行业一样,对于许多人来说确实是一份职业,并且是一份专业性比较强的职业,必须具备专业知识和技能。但教师又是一个培养人的职业,需要人与人的交流,情感与情感的互动,思想与思想的沟通。唐代文学家韩愈把教师的作用归纳为"师者,传道受业解惑也",把"传道"放在第一位,这是有道理的,说明教师首先要做一个传道者。要做一个传道者,教师本人要有"道",并懂得如何传"道"。本人认为,当教师不仅要有专业技能,而且要有思想,有思想的能力,也即要做一个有思想力的专业化教师。

近年来,偶尔教到自己学生的孩子,感觉这些孩子与他们的父母确实不一样了。但有一点是相同的:他们毕业后,如果要问起从老师那里学到了什么知识,他们常常说不上来;如果再问这些学生的父母同样的问题,这些学生父母也同样不记得老师曾教过他们什么具体的知识。因而,我常扪心自问,我给学生究竟留下了些什么? 我思考的结论是,当孩子们把在学校受到的教育都忘记后,剩下的东西才是真正的教育,而剩下的东西其实就是身体和习惯。

然而,现实的教育让我们不堪重负,教师的生存状态堪忧,我们常常是在体制的思维内运转,要么是数不清的各种要求,要么是简单到只要学生成绩好,就一好百好。想必大家听说过"教育GDP"的说法,当教育只是用单纯的分数来评定教师优劣的时候,教师实际上已沦为打工仔。然而,教师的劳动是一个个性色彩很浓的创造性劳动,教师有自己的教育理想,有自己的人生追求,有自己的自尊和自强的需要,当自己自觉或不自觉地只关注学生的均分、及格率的时候,我们离教育的本真也就越来越远了。

大家也许都听说过"钱学森之问",钱老对温总理吐露了对中国教育现状的担忧,他说出了教育问题的谜面,而把谜底留给了总理。明了这个谜底不难,但要解决它,还有漫长的路要走。在升学教育占主导的教育环境里,学生提前兴奋,教师也常常在干着揠苗助长的事,师生的精力、智力、体力透支。有人说,教育被绑架了,学校被绑架了,师生也被绑架了,甚至说整个社会都被绑架了。有人发问,我们是在培养人,还是在摧残人?然而不能不说,高考又是目前最公平最有效的选拔人才的模式!不注重学生成绩的老师,是不明智的;但如果一味地媚俗,把成绩当作教育的唯一目标,大搞车轮战术,题海战术,并乐此不疲,以此为荣,则是对教育的误解。陶行知先生曾给教育下了一个最明确的定义:"教育就是教人做人"。他同时也提出了做人的标准:第一条标准就是做人而不做奴隶;第二条标准是做真人,"千教万教教人求真,千学万学学做真人";第三条标准是做人中人,不做人上人,也不做人下人;第四条是自立立人;第五条是做抬头乐干的人;第六条是做具有献身和创造精神的人;第七条是做手脑相长全面发展的人。创新社会、创新人是同一件事的两个方面,这件事就是教育。

最近媒体上新出现了一个名词叫"虎妈式教育",是美国耶鲁大学一个华裔教授妈妈教育孩子的方法,这种教育方法的核心内容是严格和严酷地执行教育方法中规定的每个细节。她写了一本名叫《虎妈战歌》的书,她是两个女孩儿的母亲,她强迫孩子只是关注某一方面的提高,这种强迫即为虎式方法。她骂女儿是垃圾,他要求女儿每科成绩都拿 A,不准女儿看电视,女儿琴练不好就不准吃饭。虎妈蔡美儿自称,正是通过这样严厉的方式,她把女儿送进了耶鲁大学。2011年,这个名叫蔡美儿的女人和她的《虎妈战歌》成为整个美国关注的焦点,《洛杉矶时报》《时代周刊》都对她进行了连环式的报道,一时间,她的风头甚至超过了美国总统奥巴马。她刺中了美国人的神经,并震动了整个美国。美国《洛杉矶时报》甚至把《虎妈战歌》描绘为"像病毒一样蔓延"。今年夏天她来到中国,来到了北京。上海的一位被称为"猫爸"的父亲也来到了北京,他要向虎妈发起挑战。猫爸的教育方法与虎妈完全相反,他允许孩子有多种爱好,甚至为了爱好可以逃学缺课。猫爸自称,正是通过这种和风细雨的教育方式,他把孩子送进了哈佛大学。严厉与轻柔,"虎妈"碰上"猫爸",这将是怎样的一种碰撞?我们不妨对此做一探究,虎妈式教育并非适用于所有的孩子,对于服从性强的孩子,这种方法的潜力非常巨大,换句话说,这种教育方式能够让遵从并良好执行这一方法的孩子得到非常大的发展。反之,如果孩子的叛逆性非常强,这种教育方法可能会引起比较严重的后果,如果孩子从小一直在叛逆的状态下,长大后会引发一定的心理障碍以及扭曲,所以这一方法并不适用于所有孩子。适合才是最好的教育方式。让国人震动的马加爵、药家鑫案,就有这种教育的影子。不知大家是否看过一部短剧,叫《红领巾》,有一个名叫张小明的男同学,上课时将语文书封皮撕下罩在小说外面,同位一个少先队大队长的女同学报告了老师。老师很是气愤,将小明的书撕破,臭骂了他。小明接着又把那女同学掀翻在地。老师没收了小明的红领巾。小明没有了红领巾,他帮助一个小女孩捡书,小女孩吓得惊叫;他又帮助一个老奶奶提行李,老奶奶看他没有红领巾,认为他不是好孩子。后来,小明自己买了红领巾,老板也用调侃的语言说:"红领巾是国旗的一角,是用烈士的鲜血染红的,不能还价。"第二天,小明戴着自己买来的红领巾,结果被再次举报,老师没收了他买来的红领巾,让他到外面罚站。一群"坏孩子"勾引他,结果他严词拒绝,爬上了旗杆,掉了下来。戏剧性的一幕发生了:小明成了护旗的英雄,受到了学校的表扬。因为在医院内老师见到了身为教育局局长小明的爸爸,吃惊中有媚态。后来小明再看小说遭到同学举报时,老师表扬小明,却狠狠地批评了那位举报者,此时的小明很得意。

看了这部充满调侃、夸张的小剧,有点搞笑的成分,但却不无真实之感,反映了我们教育的痼疾。我给它做了如下评价:从教师教育上看,教育内容空洞化,教育方法简单化,教育行为庸俗化,教育手段功利化;从学生意识上,认识成人化,行为形式化;从社会意识上看,重形式轻内容绝对化。当高尚的认识成为冠冕堂皇的说教和谎言时,对孩子不是教育,是一种戕害! 教育不是说教,而是一种唤醒!

而这种唤醒来自教师职业的使命感、高尚的师德与较高的专业水平。做教师要有师德,这是毋庸置疑的。没有师德的教师,不会是一个好教师。如果说仅有师德,而没有专业水平,也绝对不是一个好教师。

一、先谈一谈教师的专业化

想必大家看过张艺谋导演的一部电影,叫《一个都不能少》。当中的小魏老师,她的事迹着实感人,但感动之余,我们不仅要反思:人们手中似乎只要有一点知识和一股子精神,就能当教师,教师作为一个专业技术人员的价值何在?大家都看过病,也许我们曾怀疑过医生的水平,但很少怀疑过医生的价值。而恰恰是我们怀疑医生水平,才证明了医生的价值。没有足够的专业知识和技能,一个外科医生能用手术刀划开病人的肚皮吗? 然而,我们可以从生活、媒体等多种渠道获得这样的认识,部分教师专业水平不高,事迹却感人。此种认识,令我们从事教师行业的人汗颜。教师的专业化常被人怀疑或得不到肯定。在信息高度发达的今天，如果我们仅仅靠过去学过的老三样——教育学、心理学、学科教学法，凭借学校里学过的一点知识，就认为能做一个传道授业解惑的教师了，那是一厢情愿的想法。教师如果没有与时俱进的学习和积累、探索和反思，不能不断地提高自己的专业水平，实现教师专业化，试问，我们还能走多远？

没有专业水平，就无法显示价值，要提升教师自身价值，就必须努力提高专业水平。因此，为提高教师的社会地位，提高中华民族整体科学文化素质，教育部提出了开展教师专业化发展的课题研究。著名语文教育专家李海林教授，就承担了该研究课题，《教师的二次成长论》就是他的研究成果。李教授做过中学教师、市教育局副局长，当过大学教师，如今是上海洋泾中学的校长，去年我在上海建平中学挂职培训时就听过他的报告。他是搞语文语感教学的。有一次他去某省讲课，该省某中学礼堂坐满了听课教师，唯独没有学生。李老师说："我是来上课的，没学生不行。"恰巧这个学校在放假，于是校长便通知本校教师从寝室、校园、大街上拉来了一些学生，要求手上必须有纸质的东西，总算凑来二十多个不同年级的学生，有的拿了张报纸，还有的拿了一张卖狗皮药膏的广告。李老师先无精打采地说了一句："我叫李海林。"然后又大声说："我叫李海林。"最后用平稳的语调说："我叫李海林。"他先让学生说说感觉有何不同；然后，让学生将带在身边的报纸、广告上的文字读一遍。当学生用的是同一种读书腔调时，他就向学生发问了，报纸上的新闻是这样读的吗？大街上做广告的是这样读的吗？学生摇头。实际上，他是在推广他的语感教学研究成果，并当场声情并茂地朗读了艾青的《大堰河　　我的保姆》。全场听众为之感动，佩服不已，有人眼泪都出来了。他的这堂课打动了学生的心，也攥住了前来听报告的老师的神经，他的语感教学的理念也赢得了老师们的认可，可以说取得了成功。扎实的专业功底，研究者的学者姿态，成熟的教学思想，使他达到了一种境界——站在讲台上，我，就是课程。

他在《教师的二次成长论》中提出：教师一般经过这样的三个时期。

执初期（1—2年），这个时期的突出的特点是自信。

发展期（3—8年），在这个阶段发展的过程中有一个自卑的过程，需要外力的促进。

高原期（10年左右），经过调查结果表明，至少一大半教师终生停留在这个时期，就是通常意义上的成熟教师或骨干教师。

只有少数教师从骨干教师,到卓越教师,最后成为教学大师。我所知道的斯霞、于漪、冯梦龙、魏书生,就是属于此类。

知人者智,知己者明。也许有人问,怎样实现教师的专业发展?下面我谈一谈个人的一点见解。

（一）作为一个新教师首先要做好自身的规划

一个新教师要自主思考并规划自己的教育人生,高举理想主义大旗,走现实主义的路。缺少生涯规划的教师,极容易生活在平静的绝望中。什么叫平静的绝望? 举个例子,有一年,中央电视台一位记者采访了一个黄土高原上的失学儿童,记者问:"你为什么不上学?"答:"没钱。""那你放羊是为了什么?""挣钱。""挣钱是为了什么?""娶媳妇。""娶媳妇是为了什么?""生儿子。""生儿子是为了什么?""放羊。"随着学习型社会的到来,每个人都需要具有终身学习的能力,去实现终生发展的愿望。教师作为一个专业,一种人生样式,或许比其他任何人生样式都需要有规划意识和规划能力。缺少专业发展规划,一个有思想的教师的成长是很难实现的。梭罗说:"大多数人生活在平静的绝望中,只有冲出来,才有生的希望。"教师的职业倦怠,审美疲劳,或许就是由教育人生缺少规划所致。在物欲横流、理想主义缺失的年代,有点理想或梦想,虽难能可贵却也必要。作为即将上岗的教师,你为自己的教育人生做好规划了吗?

（二）立足本职,做一个科研型的教师

哲学家维特根斯坦说:"我贴在地面步行,不在云端跳舞。"作为一个教师,将不可避免地面对琐碎繁杂的日常教学事务,有时须埋头于教材与学生的作业之中,有时要处理班级各种事务。要做一个称职的教师,备好课,上好课,批改好作业,做好课外辅导,责无旁贷。

先说说备课。备课是一个重要环节,教学是一种有目的有计划的活动,因此在教学活动之前需要做一个必要的准备,于已之昏昏,又岂能使人之昭昭? 有的教师不备课就上课堂,甚至还可能认为自己有才,这是恶习,也是对学生不负责任。这一点教师要学习外科医生,你见过医生不做手术前的各项准备,就进手术房的吗? 有人将写教案等同于备课,这也是错误的,应该说备课的内涵要大于写教案。

备课要注意以下几项:

1. 要熟读教材,只有熟读教材,才能明确教学的重点、难点,抓住教学的关键所在。

2. 要制定合理的教学进度。既要符合新课标的要求,又要根据学校实际情况和学生实际水平,做到以学定教,还要为预想不到的情况留出时间。

3. 要在认真钻研教材的同时,参看教学参考书,并能做到不拘泥于教学参考书,不要作教学参考书的奴隶。这一点很重要,有的教师教材还没搞清,就图省事,照抄参考书上的提示或答案,久而久之,就得了教参依赖症,没有教参就不会写教案,不会上课。在高中选修课开设的过程中,这种痼疾就显现出来了,因为选修课有些没有教参,这些教师就感觉课没法上了。再说教参也是一家之言,有的还有缺陷或错误,这也要教师有自己的独立思考与见解,甄别后选用。一个教师不独立解读教材,有了教参,就会成为教参的传声筒;没有教参或教参上没有的,就容易产生错误解读。如一个语文教师在教苏轼的《江城子》时,读到"十年生死两茫茫,不思量,自难忘",将"量""忘"读错,将"鬓如霜"解释为"灰尘满面,两鬓苍白",并言之凿凿地说,教学参考书就是如此解释的。教参上说的就是最好的吗? 其实,这里的"尘满面"是指人世风尘的沧桑,"鬓如霜"不仅是指发之苍白,还有苍老之意。文学作品中的词义有意思、意义、意蕴之分,文学作品最主要的是读出意蕴。教参,只是教学的参考,永远代替不了教师的钻研,个性化的解读。新教师在钻研教材之后参考它,是完全可以的,但切不可不读教材,只读教参。教师要养成独立解读教材的习惯,形成个人的见解,体验学习的过程。长期这样做,不仅有助于增强教学的针对性,而且教师个人的专业水平也会逐步提高。

4. 要了解学生。教师要了解学生的知识、基础、智力发展水平、学习习惯和兴趣爱好。不仅要了解全班学生的情况,还要了解学生的个别差异,做出正确的预见。教学的最终目的是为了学生的学,学生学会、会学、学得卓有成效,是教师的最终教学追求。此所谓教学是为了一切学生,为了学生的一切。

5. 要编写完整的教案。教案是教师经过认真备课和精心设计后,针对课堂教学的具体实施方案。教案应在基本思路和如何实施上下功夫。新教师当然要努力写详案,但不可在教案中写上教师如何如何问,学生如何如何答的笑话。有的教师在教案上好写错别字,这一点也要注意,今年暑期我担任了宣城市招录教师的评委,发现应聘教师的教案中就有将"利奥波德"写成"科奥波德",将"板书"写成"版书",将"提炼"写成"提练"的错误。抄"教参"不行,抄"优秀教案选"也是不可取的,因为那是别人设计的,是面对别人的学生,显示的是别人的教学风格的一种教学方案,借鉴可以,照搬就可能是邯郸学步了。

备好课是为了上好课,上课是一个关键环节,课堂教学是教学的生命线,"向四十五分钟要效率"是一个科学的口号。教师要努力在提高课堂教学的效率上下功夫,那种加班加点,靠时间去磨,精神可嘉,不宜提倡。

课堂是师生互动的场所,是学生生命成长的所在,一个中小学教师工作的优与劣,主要体现在课堂上,教师的水平也主要体现在课堂教学艺术上。课堂教学是遗憾的艺术,但一个没有专业水平或水平不高的教师,是永远只有遗憾而不会有艺术,因此,提高教师的课堂教学水平,是提高专业化水平的重要环节。要提高课堂教学水平,教师要进行多方面的修炼。

(三)教师的服饰——教师要修炼自己的形象

服饰是信任的外衣,调查研究表明60%的人认为得体漂亮的服装能够增强自信。马克·吐温说:"服装建造一个人,不修边幅的人在社会面前是没有影响力的。"有一位英语教师写下了这样的经历:"某日,一学生走进教师的办公室,天真而诚恳地对英语老师说:'郭老师,你的穿着太朴素了,你看我们化学老师,打扮得多精神,即使讲课差点,我们也愿意上她的课,一看见她就来精神,心里就舒服。'我一听,难过极了,心里头是又酸又气又难堪。自己辛辛苦苦,每天认真备课,看作业,也就没有时间照照镜子,打扮打扮,注意自己的修饰,自己认为这是一种敬业精神,没想到学生却给了这么一个评语,真冤枉啊!"这个例子说明,教师的形象哪怕是服饰,学生也是关注的,教师不可等闲视之。

(四)教师的微笑——身体的语言意义

戴尔·卡耐基说:"一个人脸上的表情比他身上穿的更重要。"有一个叫李春容的老师写了篇《和我用眼睛对话吧》的文章,她写道:"去年秋天我怀着忐忑的心情,成为一年级三班的班主任和语文老师,我走进教室,看见有许多同学正沉浸在自己的小游戏和小动作之中,我开始思考:怎么让他们全神贯注地听讲应是解决问题的关键,一年级是开始培养学习习惯的时候,怎样才能让每一个孩子都融入课堂,让他们跟着老师的指挥棒转动呢?我微笑着对孩子们说:'孩子们,想与老师用眼睛对话吗?想看见老师眼睛对你的表扬和鼓励吗?'我的话音刚落,教室里齐刷刷地抬起了几十双眼睛,都充满期待地望着我,看见这目光我有了信心,我扫视了一眼那几个还没有注视我的同学,继续说:'我知道,这个时候敢于和老师对视,和老师用眼睛交流的孩子是最有信心的孩子!'那些手上玩着东西的同学都停止了自己的小动作,我用满意的神情在每个孩子身上停留了我片刻赞许的目光。我感到他们都读到了我表扬与鼓励,他们坐得一个比一个直,就接着说:'孩子们,我以后每堂课都要和你们用眼睛交流,只要你和我目光对视,你就会知道我在欣赏你,在鼓励你。'"这个事例告诉我们,教师的肢体语言也是十分重要的,教师面对的是鲜活的生命,教师与学生的互动是心与心的交流,教师发自内心的表情(包括微笑)对我们的教育有多么重要。

（五）教师的语言,是一种知识,更是一种思想,也不妨来点机智幽默

学生在作文中评价一位老教师:"夏老师,相貌堂堂,能说会道,当教师可惜了,应该去做一个领导。"夏老师在批注中说:"我常常也这样想。"如一位学生在日记中写道:"放学了,我一不小心踩到了一摊稀稀的东西,一看是牛屎,大吃一斤。"老师批注:"可惜没营养。"如有学生在作文中写道:"姐姐二十多岁了,正是豆蔻年华",老师批注:"'豆蔻年华'是指十三四岁的少女,你姐姐应该叫'豆根年华'。"我就曾遇到这样的事,上苏轼《念奴娇·赤壁怀古》时,我提问:"词分婉约、豪放,苏轼是哪一派?"有一学生大呼"实力派、偶像派!"引起全班哄堂大笑,很显然这个学生想捣乱,此时发通火最容易,那就正中了那位学生的下怀。我不但没有生气,而是跟着微笑,追问:"为什么这么说?"那学生还真说出苏轼是个诗人,书法家,又是唐宋八人散文家之一,更重要的是一个真正的男子汉,说他是实力派、偶像派也有道理。我给予了肯定,同时指出,老师刚才提问有一个前提——是说"词"的流派,委婉地批评了该同学,并调侃地引用了古希腊哲学家奇伦的一句名言:"愚蠢总是在舌头跑得比头脑还快时产生的。"课上得轻松愉快,一个恶作剧被化解。后来我受到启发,还真的写了一篇文章,题目就叫《实力派苏轼,偶像派苏轼》,刊登在《新课程简刊》上。

反之,教师如果不注意自己的语言,轻则会笑堂,如上课时,老师问:"11伏、30伏、220伏、1000伏、3000伏的电压,哪个可以摸,哪个不可以摸?"学生答:"都可以摸,但有的只能摸一次。"再如,一个学生问老师:"老师,老师,为什么两点之间的直线最短啊?"老师解释了半天,学生也没听明白。最后,老师很无奈,说:"你拿个骨头扔出去,你认为狗会绕路去,还是直跑过去呢?""当然是直跑过

去啦"！学生说。"是呀,狗都知道,你还不知道。"老师笑着说。这种语言看似俏皮,却易捻灭学生好奇的火苗,触伤学生自尊心。重则会引起学生的反感与抵触,如一位老师恨铁不成钢,运用激将法,骂学生"猪脑子",该生考上大学,拿了通知书,不是来感谢老师,而是来质问老师:"当初你说我是猪脑子,我猪脑子怎么能考上大学?"弄得教师很尴尬。

(六)教师的习惯

教师总是自觉不自觉地喜欢成绩好的或听话的学生,这一点要克服,殊不知那些成绩差的学生更需要老师的关怀和帮助。如有的学生,不爱说话,爱孤独,教师容易忽视他们的存在,亚里士多德说:"喜欢孤独的人,不是兽,就是神。"其实,许多不爱说话的学生内心世界非常丰富,教师要主动去关心,与他们交流。有的教师习惯用口头禅,说话无节制的重复,这都要注意。如一次听课中一个教师眼睛总是斜视天花板,让听课的人不爽,课下有人就向该校领导提意见,领导只好解释说,那老师眼睛有毛病,正看是斜的,斜看才是正的。还有一个重要的习惯,就是对待自我专业发展的习惯,要养成把学校里学到的教育学、心理学、学科教学法的知识放到实践中去验证、去完善的习惯,在运用中对照,在对照中反思,在反思中发展。

(七)教师的宽容

要正确对待学生的错误,其实学生就是在错误中成长的,学生错误本身就是一种重要的"履历性"资源。教师要允许学生犯错,把学生的每一个错误都当作教育的契机,促进学生进步。宽容是教师应有的德行,这种德行就是教师对学生的一种爱。教育中没有关爱、挚爱、热爱,便没有了教育的激情。爱是教育的润滑剂。

(八)教师的智慧

第斯多慧说:"一个坏的教师奉送真理,一个好的教师,则教人发现真理。"中国古人也有"授人以鱼,不如授人以渔"的说法。

如一个数学教师在上"角的度量"公开课时,先是指导学生如何使用量角器度量角的度数,学生开始用量角器度量锐角、直角、钝角,这时有一个学生喊道:"老师,我的量角器断了,还有一个钝角的度数还没有量,怎么办?"听课老师嘀咕:"借一个量角器给他不就行了。"该教师没有这样做,却趁机抛出一个问题:"小鹏的量角器断成了两半,它还能量角吗?""那小半块量角器肯定不行了,因为它没有中心点。"一个学生说道。"那半块上面有中心点,还有刻度,应该可以量。"另一个学生接着补充道。"可是小鹏要量的角是钝角,那大半块量角器也不管用呀。"一个学生提出了质疑。"怎么解决这个矛盾呢?请同学们讨论一下。"教学的闪光点出现了。"先利用三角板上的直角,在所量的钝角上画出一个直角,再利用那大半块量角器去量余下的度数,用量得的度数加上90°,就是原来钝角的度数。"有的把钝角分成两个锐角,用那大半量角器分别量出两个锐角,再相加;有的说把这个钝角补成平角,量出补上的锐角的度数,再用180°减去补上的锐角的度数就行了。哇,多么精彩的生成!教室里掌声响起。由此例可以看出:这位教师不仅有教学的策略,更有一种教学的智慧。

(九)教师的情感

教师是生活中的人,难免有消极情绪,但要尽量控制自己的消极情绪,保持平和、阳光的心境。远离虚情假意,做一个"多情""善感"的人。教师不健康的心理,特别是不健康的情绪状态和暴躁乖戾的性格,往往造成学生心理障碍,教师若不能正确控制自己的情绪,不能理智地对待遇到的各种问题,往往会造成学生的心理伤害。有调查表明,学生当中90%的学校恐惧症都是由于教师非正常教学行为引起的。教师心中有阳光,才能在学生心中播撒阳光。

二、再说说教师的思想力

"思想是经过思考和探索而产生的思维结果,是人类行为的基石,每个人都有思想。""力"是认识、改变事物的能力,加上"力",表明思想的功能,对客观世界的作用力,它需要经过历练、顿悟和升华。为什么要有思想力?苏霍姆林斯基说:"学校的领导,首先是思想的领导。"同时又说:"你真正的生命是你的思想。"如有人说把"课堂还给学生",你说对吗?有一位教师,课上提的问题学生总能异口同声回答,你说是成功的课堂教学吗?这些问题,都要教师认真思考,并且只有具备思想力,才能得出正确的答案。前几年,我担任高级教师考评课评委,课上有一位老师在教刘禹锡的《陋室铭》,讲到"苔痕上阶绿,草色入帘青"时,口中啧啧,连声说:"多么环保啊,比我们现在的高楼大厦强多了。"真是如此吗?只要教过这篇课文且有一点思想力的人,就不难发现其中的荒谬。有一位教师在教《刘胡兰》一文时,与学生进行了这么一段对话:"师:这篇文章是写谁的? 生:是写刘胡兰的。师:你怎么知道? 生:题目就是刘胡兰。师:这个故事发生在什么时候? 生:1947年1月4日。师:你怎么知道的? 生:课文第一句就是这么写的。师:这个云周西村在什么地方?(有学生答是陕北,有学生答是在延安)师:云周西村在革命根据地。"这是一种师生之间典型的表层对话,有何价值和意义呢? 观念的沟通,思想的交流,思维的启迪,表现在何处呢? 再举一例,有一个美国教育考察团到我国某地考察中学的科学教育,在当地一所重点中学,他们听了一位物理特级教师执教的公开课。这位物理特级教师开始上课时制定了非常明确的目标,过程根据目标展开,非常流畅,无论是教师的语言表达与问题设计,还是学生的回答,无不称上十分精当和非常精彩,特别是学生那对答如流的表现,以及教师对课堂时间的准确把握,令陪同的一些领导和教师都非常自豪,心中美滋滋的。如果按照我们的评课标准,这节课无疑是一堂高效的非常成功的课,但美国考察团成员却流露出疑惑的神情,他们坦率地指出:既然学生对教师提出的问题都能准确无误地回答,那么学生上这堂课还有什么意义呢? 诸如此类,不胜枚举。教师应是一个思想者。首先教师应拥有思想力。理性的教育,需要成熟的教师,而成熟的教师应思维敏捷、思路开阔、思辨力强、明辨是非。

那么教师应如何提高自己的思想力呢? 下面介绍几种常见的途径:

(一)学会写教育叙事、教学反思、教育教学论文

教育叙事是我国中小学教育研究在方法论上的一种进步,更接近真实的"教育田野",更富有实事求是的科学精神。教育叙事是一种教育生活体验的"传记",是诗化的教育研究,是用生动的语言传达教育生活经验的文学形式,不是逻辑形式,教育叙事要突出情感的表达,是寓理于情,而不是寓情于理。好的教育叙事,是对教育生活中灵动场景甚至片段的捕捉,应该能够打动读者的情感甚至心灵。没有对教育教学活动过程的细心观察,理性反思,就没有教育叙事的研究。教育叙事的写作,使我们对于教育生活体验具体化的同时,又使我们对教育的理解更抽象化。

教学反思,"反思"一词源于佛学,是指人对照佛祖的规训,对照自己的行为,在内心自我剖析,自我谴责,自我慰藉,自我律戒,以达到灵魂升华的境界。我国古语中也有关"反求诸己"之说。"反思"是对自己的言行进行总结、思考、内

省的过程,是对自己的言行进行自我比较的一种追溯性思考。反思必定有一个参考标准,教师应该明白教育领域有哪些专业的行为规范,知道哪些是正确的,哪些是不合理的。如果连正确和错误,趋势和背离都分不清,谈何教育反思?反思是教师专业成长过程中必备的一种能力。通过反思,可以不断觉醒自己的教育理念,更新教育思维方式,改善教育行为方式,凝练教育教学艺术。教师反思的对象主要包括两个方面的内容:一是反思自己的教育理念,二是反思自己的教育思维方式。从反思策略角度划分,反思分为总结性反思、描述性反思和解释性反思。

教育教学论文是教师通过学习教育教学理论,联系自己的教育教学实践,进行的关于教育研究的写作,它要有相当的逻辑性。要做一个有品位的教师,必须要有独立的科研意识以及相应的反思能力,要破除对教育科研甚至是对理论工作者的迷信,从自己切实的教育经验和教育实践出发,提出问题,开展教育科研。可采取如下几种方式发现问题、提出问题,并确定科研课题:一是不安于现状,对自己所从事的教育工作领域保持经常的关注。二是辩证的否定,勇于对教育教学中已有的常规、制度、行为、策略甚至理论做出否定的或部分否定的判断。比如说,大家都认为"课堂教学是主渠道",对这个观点,我们可以做出辩证的否定,进一步追问:什么样的课堂能成为主渠道?成为什么主渠道?它对学生所有的素质发展都能够成为主渠道吗?还有没有其他的主渠道?辩证的否定要有三个很重要依据:第一个是事实依据,第二个是逻辑依据,第三个是发展趋势和时代的新要求。三是非变换角度思考。四是类比和移植。"在研究的状态下工作"是形成教师专业判断能力的基础,一个有思想的教师,就是在此种状态下历练出思想力的。教师的思想是一种软实力。

(二)读书是专业化发展的有效途径

读书一般有三种目的:(1)读书以休闲;(2)读书以认识事物;(3)读书以解决问题。读书以解决问题主要有:在身边找问题,带着问题去读书,在读书中形成观察问题的立场和方法,用这种观点和立场去反思,在反思中改变行动。教师读书的目的主要是第三种。

(三)教学反思是教师专业化发展的主要形式

备课,上课,反馈,修改,再上课,对比,总结。

（四）课例研讨是教师专业发展的最有效途径

（1）上课评课；（2）观课评教；（3）课例研讨。

（五）研讨会是走向成熟的重要契机

教师参加研讨会，可以在现场体验中获得巨大灵感；可以直接听到别人的声音，增加见识；可以把自己放在一个平台上掂量掂量，正确认识自我；可以扩大自己的影响，在更大范围内发出自己的声音；可以扩大自己的工作圈和交际圈，成就自己的舞台。

（六）课题研究是实现教师专业突破的重要形式

要面向自我，不是面向专家；面向问题，不是面向命题；要面向事实，不是面向理论。

同行们，在初为人师的日子里，谁都会有过似火的激情，谁都会感受过生命激情的绽放，当火焰熄灭了，热情冷却了，困境随之而来，平淡趋于平庸不能成为我们的选择之路。德国的哲学家、教育家第斯多惠说："教师的生命是从教师职业开始的，教师在自己的职业中和工作要求中寻求生活的满足。"让我们多思考一些教育的本真，多拓展一点素质教育的空间，在平淡的教育生涯中选择忍耐和坚持，固守一份生命的激情和诗意，把生命的火焰化作繁星点点，刺穿暗夜，薪尽火传。教师是一个职业，我们赖以为生；教师也是一个事业，需要无私奉献。我们既然选择了教师这个职业，就承担了一个使命。我们面对的将是一群活生生的孩子，伴随的是他们生命的成长。他们让你喜，让你愁；让你欢乐，让你苦恼；让你激情洋溢，让你沮丧懊恼。教师是知识的传授者，也是思想上的领路人。教书育人是我们的天职，为了完成好这个天职，让我们努力做一个有思想力的专业化教师吧。

读书，研究，写作

——教师专业成长的三个支点

在座的各位都是来自全县的新招聘教师，将要在不同的学段任教不同的学科。不知诸位想没想过这样的几个问题：我为什么要当教师？我想做一个什么样的教师？我又如何做一个好教师？多年前，我参加教师工作时，就没好好想过这些问题，虽然工作过程中有过一些有关此类问题的零乱的思绪与想法，也有过一些与教育有关的理想冲动，但终不得要领，无所建树。教师是一个专业性较强的职业，教师的专业水平需要在教育教学工作中不断提高。作为一个教师，如何才能提高自己的专业水平，实现专业成长呢？作为你们的岗前职业技能培训教师，在这里我只是想谈一点自己的感受，我的体会是：读书、研究、写作，是实现教师专业成长的三个支点。

一、首先说说读书

近日，我看电视《小崔说事》，有一档节目叫"孤独的笔者"，著名作家麦家有一段谈话让我颇为触动，他说他经常去国外，最让他感动的不是高尔夫，不是绿茵茵的草地，而是在地铁、公园的坐椅上随处可见人们捧着书阅读的场景。2008年，我在上海建平中学挂职，接受培训，几乎每天要坐地铁，发现许多外国人一上车就捧着厚厚的书在专心读，当时也颇为感慨。我有时想，为什么当下中国人读书不多或不读书，有一个重要原因是：当初做学生时并不真正知道读书对人生的意义，功利性太强，读书读得太苦，读腻了。这让我常想起土财主吃肉的故事，财主天天吃肉，又没有节制，最终将吃肉当作天下最苦的事。最近，发生在湖南湘潭湘机中学学生集体烧书、丢书、撕书以发泄心中积怨的"毁书事件"可算是一个佐证。过去我们学校有一个语文老师在博客中写了一篇文章，题目叫《什么样的女人最美》，点击量很高，看完后又引起热议，原来他的答案很简单——读书。赞成的人自然心领神会，越想越有道理。不赞成的人说是胡扯，读书有那功能吗？我也知道鼓吹读书，在某种场合是遭人忌，被人嫌的。现在是什么年代? 大家这山望着那山高,恨发财没门路,你还谈这个? 不是迂,就是酸! 我却不如此想,我觉得做人要有精神境界,当教师要有职业境界。教育专家朱永新先生说:"生命是弓,理想是弦。"在座的诸位高中阶段也许都读过冯友兰的《人生的境界》吧,冯先生把人生分成四个境界,即自然境界、功利境界、道德境界和天地境界。我常想,作为一个教师应达到哪一个境界呢? 以我的经验看,大凡有些成绩的人,往往都有较高的人生追求。马鞍山市二中有一个语文特级教师郭惠宇,据说,从前他住在市教师新村宿舍楼上,每晚窗户的灯总是最后一个熄灭,知情人报料,说是郭老师每天晚上都在读书。有教师受他影响,每当想偷懒睡觉的时候,就看看那灯光。他现在在全省乃至全国都有影响。他还是一个普通教师时我就听过他的公开课,一直听到他成为特级教师。他的课堂教学灵动而富有诗意,被省教科院文科一室杨桦主任戏称为"安徽的徐志摩"。他读了很多书,厚积薄发,是我们身边的榜样。我们学校有一个语文教师曹勇军,现在执教于南京十三中,是个正高级语文特级教师,他有一次在回本市二中作报告时笑称,就因为年轻时读了点书,打下了底子,现在才能"行走江湖"。著名特级教师于漪,毕业于复旦大学,她工作之初痛感自己读书不多,制订一个庞大的读书计划,几十年如一日,终成当代教育大家。此类例子不胜枚举。细心的人也许说,你说的都是名家,成功人士,我又不想出名,免谈吧。其实,读书对于每一个人都很重要,尤其是教师。1965年,法国成人教育家保罗·朗格朗提出了终身教育的思想。对于教师来说,终身学习不只是知识的日益丰富,而且包括人生观、价值观、师德、人格等方面的完善。新一代管理大师彼得·圣洁博士说:"未来唯一持久的优势,是有能力比你的竞争对手学习得更快。"一位哲人也这样表述自己的想法:敢为人师者,须终生学习。武汉二中特级教师谢华之说得更直白:"教师想读书就是想教书,爱读书就是爱教书,多读书就是教好书。"

苏霍姆林斯基认为:"如果你的学生感到你的思想在不断地丰富着,如果学生深信你今天所讲的不是重复昨天讲过的话,那么,阅读就会成为你的学生的精神需要。"他在《给教师的一百条建议》中讲述了这样一件事:一个在学校工作了33年的历史教师上了一节非常出色的观摩课,以至于听课教师听得入了迷,竟连做记录也忘记了。邻校的一位教师问他:"你的每一句话都具有巨人的思想威力。请问,你花了多长时间来准备这堂课? 可能不止一小时吧?"那位教师回答说:"这节课我准备了一辈子,而且一般地说,每堂课我都准备了一辈子。

但是直接针对这个课题的准备,则花了约15分钟。"苏霍姆林斯基评论说:"这一回答悄悄打开了教学技巧的一项奥秘,那就是读书。"所以,我认为,要想成为一名专业化的教师,必须要读书!

精深的专业知识和广博的相关知识常常能让一个教师在课堂上左右逢源、神采飞扬。教师,需要学识,而学识主要源于读书。《学习的革命》一书中指出:"我们的孩子们将生活其中的世界正在以比我们的学校快四倍的速度变化着。"如果教师不能把准时代的脉搏,不断地读书,拓宽视野,增长学识,不仅不能教好学生,反而会因为自己的落伍而妨碍学生的发展。马卡连柯说:"学生可以原谅老师的严厉、刻板,甚至吹毛求疵,但是不能原谅老师的不学无术。"可见,读书是教师的立身之本。教师,要做好教书育人的工作,首先要做个真正的读书人。

(一)读书是教师一种生存的需要与生活方式,是现实的要求

令人十分遗憾的是,在一些中小学,有相当一批教师很少有时间去读"课外书",整日被"正统"的作业或教科书或工作压力所包围。每年发布的中国"国民阅读调查"显示,中国人读书时间在逐年减少,在这里暂且不提普通百姓,单说作为教师的我们经常看书的也不是很多,能养成阅读习惯的人更是少之又少,教师每天看的都是教材和教参,很少涉猎教材以外的知识,像教育类期刊等。殊不知,教材之外的知识对提高教师的整体素质,提高教师的个人修养,起到不可估量的作用。有的学校的图书馆成了真正的"藏书馆",作用一点也没有发挥出来,图书被束之高阁,无人问津,造成图书资源大面积浪费,这是个不争的事实。根据统计,我国国民一年的阅读量是0.7本,而邻近的韩国是7本,日本则有近40本。俄罗斯每20人拥有一套《普希金全集》。试想,一个学生一年读一本书的话,那么有着50个学生的老师又该读多少书才能满足学生求知欲呢?实际上,就语文教师而言,每年的阅读量应不少于200万字。因此,读书,必不可少!读书,迫在眉睫!

(二)读书是教师职业的要求

"师者,所以传道、授业、解惑",这是我们再清楚不过的事实了,但我们凭借的基础是什么呢?假使只是三年或四年的师资养成过程,以及一年一年在教学过程中累积的经验,再加上成长期间的时代限制而导致的精神贫血,也许我们

很快就会面临"黔驴技穷"的窘境。

教师的职业特点,决定了教师的读书风气最能影响学生和社会的风尚。只有热爱读书的教师,才能培养出热爱读书的学生,才能营造出整个社会热爱读书的良好氛围。热爱读书的教师,是社会的一笔无形资产。如果教师不能把准时代的脉搏,不断地读书,拓宽视野,增长学识,不仅不能教好学生,反而会因为自己的落伍而妨碍学生的发展。

那么,教师应该怎样读书呢?

(1)读书要善于选择。

一线教师工作忙,压力大。为了解决书多时间少的矛盾,教师必须学会选择,浏览和精读结合是不错的方式,一般的书可以浏览,重要的书、名著就需要精读,与自己研究方向远的书可以浏览,与自己研究方向近的就要精读。第一,教科书应是教师首选读物。所教年级的教科书和课程标准认真阅读自不必说,通读全学段的教科书了解每册之间的内在联系,也很重要。第二,阅读其他科目的教科书。在所教的课程中适时提及其他科目的课程内容,不仅有助于学生融会贯通地理解学习内容,而且有助于学生对世界的完整理解,同时也有助于给学生留下教师博学的好印象。第三,阅读一些优秀的教育刊物。好的教育文章能及时反映教育界同行对于教育前沿问题的思考,会推动教师自己的思考和探索。第四,阅读一些教育经典名著。如苏霍姆林斯基的《给教师的建议》、陶行知的《陶行知教育文集》、李镇西的《爱心与教育》等,如有兴趣还可读一些如《论语》《礼记·学记》,因为"经典"包含着的精神理念具有超越时空的生命力,永远不会过时,细细想来,"因材施教"不是蕴涵着今天我们所说"承认差异""尊重个性"乃至"多元智能"吗?谈"师生关系""教师与课程同步发展"还有比"教学相长"更精辟的吗?我们阅读教育经典,聆听古今中外教育大师的不朽的声音,就能让教育真理之光照亮我们的心灵,让我们的教育行为产生超越世俗的力量。第五,阅读所教学科最优秀教师的著作。他们的著作能带给我们学科的智慧,让我们对本学科教学有更深入、更全面的思考。他们的成长,能为我们的成长提供可借鉴的范例。如语文教师应该读钱梦龙、魏书生、余映潮、于漪等老师的著作和文章。第六,教师还应读一些教育法规类的书籍和文章,了解教师的权利和义务,了解国家的教育方针政策。有人可能不以为然,但我认为很有必要。举两例:一是我亲身经历的,我带班主任期间,有一个毕业不久的科任教师,工作很努力。有一次,一个女同学上课讲话,老师制止也不听,叫她板演也不动,作业也不做,老师讲一句,她顶两句,那老师忍无可忍,就用书打了她一下。结果,该家长上演了一出文攻武卫的闹剧。家长口口声声"教育法""未成年人保护法",声称一不找学校,二不找教育局,勒令老师赔礼道歉。如果不行,旁边站着有文身的那种人就要动手。幸亏该女生和家长对我印象不错,我与该学生家长好说歹说,总算平息。二是我今年去安庆参加省教科研会议时看到的。一个申报省级课题的老师向专家提了这样一个课题——《在农村初中阶段渗透职业教育的研究》,当即被专家否定。这个教师因缺少对国家教育政策的了解,对什么是义务教育,什么是职业教育,概念模糊。殊不知,义务教育、职业教育是两个不同阶段的教育,担负着各自不同的功能和任务,不可混淆。因此,教师不仅要依法从教,而且要据法教研。试问,不了解国家相关教育法规和政策,行吗?

(2)读书要善于积累。

把读到的感悟和重要的部分用笔记下来,或制作卡片备查,有条件的话分类剪辑,或用电脑记录为电子笔记,对所读的东西加以梳理和提升,从而转化成自己专业发展的力量。俗话说,好记性不如烂笔头。读书,需要做笔记,常整理;还需要写感悟,谈体会。只有这样,我们才能实现知识的内化,在需要之时为我所用。

(3)读书要学以致用。

只有将读到的知识运用到实际教育教学中,才能加深对知识的理解,起到触类旁通的作用;才能时常感到知识的欠缺与贫乏,从而唤起对知识的渴求。

问渠哪得清如许,为有源头活水来。教师读书好,好读书,读好书,专业知识会越来越扎实,精神底蕴会越来越深厚,也必然会成为学生敬佩的对象,学习的楷模,师生同为读书人,是一种理想的教育境界。

二、其次说说研究

工作岗位是教师成长的沃土。在工作中研究,在研究中工作是教师一种理想的生活状态。以教育理论透视教育实践,以教育理论去解读教育实践,这是教师专业发展的现实需求。教师专业成长包含三个重要目标,即教育实践能力的提高、教育反思能力的提高和教育科研能力的提高。教育科研是教师专业发展的必由之路。课堂教学是教师的中心工作,因此,中小学教师的研究,主要是课堂教学研究。

(一)教学内容的研究

现行的各种教材,是重要的教学内容,教学目标的实现主要是通过教材来完成。作为一个教师首先要研究教材,最好要通读整个学段的教材,了解教材编写者的意图;其次,要研究课程标准,明了课程目标和教学要求。以高中语文必修2第四单元《我有一个梦想》教学为例。教师面对这样一篇演讲词,通过通读教材可以知道,在整个高中学段只安排了一个以演讲词为体裁的单元,虽然初中学生已学过演讲词这种体裁的文章,但对演讲词这种体裁、作用及其特点有进一步理解并明确的必要。因为这个单元承载着学生掌握演讲词的重任。从编者的选择意图上分析,本单元选取的是中外著名演讲,有的是就职演说,有的是集会演讲,还有一篇是悼词,内容不同,场合有别,形式各异。学习本单元的演讲词,抓住主旨,明确观点,理清结构,把握方法,体会情感,揣摩技巧,学以致用,是总体的单元目标。据《我有一个梦想》分析,比喻和排比的广泛运用,让整篇文章充满鼓动性和排山倒海的气势和力量,通过朗读,体会这种独特的演讲效果,就不能不成为教学目标之一。不仅于此,为什么作者有如此洋溢的激情?这就涉及对文章主旨的理解和把握了。而《就任北京大学校长之演说》可在明确观点、掌握结构特点等方面下些功夫。《在马克思墓前的讲话》中,关键语句思想感情深厚,内容含义深刻,揣摩体会语句含义必不可少。同为演讲词,教学目标应各有侧重,没有对教学内容的深入研究,这一切是不可能做到的。同时,从语文教学分析,教学都面临着一种选择,如必修课怎么教,选修课怎么教,必修课中这个文本教什么内容,那个文本教什么内容,等等,没有对教学内容的研究,就谈不上正确而恰当的选择。

新一轮课程改革已逐步推广,新课程理念之一就是教师必须是课程的创造者,即教师必须运用自己的知识和判断力选取,甚至改变教学材料,以满足学生学习的需要。如一个小学数学教师,针对五年级的学生,在学习了三步计算的应用题后,设计了一道与学生生活比较接近的开放题:

学校组织师生到某地春游,学生161人,教师9人,售票处写着:

成人票:每张8元

学生票:每张4元

团体票:每张6元

(10人或10人以上可购买团体票)

请设计一种你认为最省钱的购票方案,并算出购票一共需要多少钱?

题目一出示,学生就颇有兴趣,积极开动脑筋,力求找到最佳方案。出现如下的解题方法:

方法一:8×9 + 4×161 = 716(元)

方法二:(9 + 161)×6 = 1020(元)

方法三:从学生人数中拿出1人,和教师组成一个团体。

10×6 + 160×4 = 700(元)

…………

针对这样的问题,不同层次的学生有不同的解法,每位学生的才智在这样的问题情境中都得到了充分的发挥。

这样来选取教学内容,课程的内涵和外延都得以提升和拓展,教师由课程计划和教科书的忠实实施者,变为课程的创造者、开发者。在现实的教学实践中,与其说教师是在执行一种课程计划,进行一种课程内容的教学,不如说是在表达一种思想,阐明一种态度,追求一种教学目标的实现。教学是基础,而研究恰恰可以使日复一日的平淡教学变得鲜活而有张力。教育家苏霍姆林斯基说:"如果你想让教师的劳动能够给教师带来乐趣,使天天上课不至于变成单调乏味的义务,那你就应当引导每一位教师走上从事研究这条幸福的道路上来。"

(二)教学方式的研究

教学方式即教学方法和形式。

说到教学方式,令我难忘的是这样几个教学事例。一个是我亲眼所见的,有一个农村小学的一年级数学教师,在教学10以内的加法时,她的课堂里竟然是一片诵读声,学生将10以内的各种加法运算结果倒背如流,学生考试成绩也不错。一次,当地领导来看望小朋友,随便提问了几道加法题,学生不假思索,对答如流。那领导出了这样一道题:小朋友,小皮球拍了一下,再拍一下,一共是几下。那孩子不知所措,答不上来。原因是,这位老师是用背诵的方法来教10以内加法的。其实,这位数学教师这种教学方式,是对数学教学的一种曲解,殊不知,即使10以内的简单的数学,也包含着深刻的数学教学思想。

另一个是我刚刚参加工作时听来的。一个老教师上语文课,只有一个招数——串讲。后来要求上课要学会用提问的方法,他每课必问,有一次上毛泽东诗词,他提问道:"春风杨柳多少条呀?"学生答:"万千条。"他很满意,接着继续问"六亿神州怎么尧呀?"学生齐答:"尽舜尧"。当时,听完觉得很好笑。自此以后,每当上课提问时,我就多了一份小心,不敢瞎问,对如何提问后来还做了些研究。

第三个事例是我在上海建平中学挂职培训时的导师程红兵老师说的,这是他亲身经历的事。有一次他在上海当特级教师评委,有一个申报特级的小学教师,区里已通过,考评课她准备了好多小红花,哪个孩子回答好,就在那孩子脸上贴上一朵,孩子发言踊跃,都想贴上小红花,那堂课上得精彩纷呈。评委很满意。下课铃响了,那老师如释重负,但接下来的一幕,让她前功尽弃,原来一下课,一群没贴上小红花的孩子奔上讲台,要求贴上课剩下的小红花,那教师把小红花向垃圾桶里一扔,说那是闹着玩的。孩子失望的表情,让许多评委打下了较低的分数。那位教师的教学方式无疑是对的,但由于她缺乏对这种教学方式蕴涵的教育教学思想的理解,导致功亏一篑。

这样的例子很多。教育应该以人为本,以适合学生为目的,这就要求我们在备课过程中应多考虑学生会怎么想,怎么理解,而不是学生应该怎么想,怎么理解,其所谓"眼前有书本,心中有学生"。有的教师误解严师出高徒,学生回答问题后,从不加以正面评价,赞扬不足,苛刻有加;与之相反,也有些教师上课拼命夸学生,言过其实,表扬廉价。有的课堂看似热闹,但细细分析,效率不高。有的教师自讲自话,满堂灌;有的教师不顾内容,满堂问。如果不加以研究,教学方式就极易流于形式。其实教学方式的选择,是教师对教学内容的一种理解,是高效实现教学目标的一种手段,包含着教育学、心理学原理的灵活运用,渗透着教师教育教学的思想。

新课程实施要求"培养学生创新精神和实践能力","提高学生科学和人文素养",在建构符合素质教育教学方式的过程中,要把握如下几个问题:第一,要确认学生是素质培养的主体,学习的主人,给学生较大的学习自主权;第二,要积极建构开放式的教学体系;第三,要强化素质养成的教学过程;第四,要建构符合素质养成的教学考核形成评价体系。

中小学教师有鲜活的课堂,有日复一日的教学实践,有个性各异的学生,获得的是第一手教学实践资料。任何教师的教学实践体验都是唯一的、独特的,对他人来说都是新鲜的。这一点,得到了安徽师范大学教学法教授何更生老师的肯定,我每次与他交谈时,他都强调类似这样的话,因为,这是专业研究者在书宅和实验室里无法获得的。

　　除了自身独立研究外，我觉得年轻教师要积极参加各类教研活动，首先在思想上要有正确认识，态度上要积极主动。现在有许多学校把教研当作花瓶，在升学率面前，它无足轻重，只要学生考得好，就一俊遮百丑，黄猫白猫，逮到老鼠就是好猫。年轻教师受此影响，有人不参加或少参加教研活动，久而久之，思想僵化，终成井底之蛙。我听一个老教研员说过自己的亲身经历，他在二十年前，到农村一个中心学校听了该校一个书教得不错的教师的一堂课，当时对他大加赞赏。二十年后，他又一次到了该校，因为当年那节课上得精彩，记忆犹新，就主动要求再听一次，巧的是那教学内容也和过去那节课差不多，那教师已年近半百，教学方法还是老样子。该教研员感慨地说："二十年前，某某是一个好教师；二十年后，某某已经明显落伍了。"不进则退，对教师的教学水平而言也不例外。要想不断提升教学水平，只有不断地教研。教而不研则浅，研而不教则浮。研究是一种意识，一种态度，凡是有较强研究意识的教师，与其他人相比，他们的成长速度更快，职业境界更高。

　　教师的职业生命在课堂。作为中小学教师，课堂教学应该是研究重点，以研究的姿态去教学，在教学行动中去研究，实现教师与学生的共同成长。如果说，备课是一种策略研究，了解课标，研读教材，了解学生，熟悉环境（"环境"包括教育情境，师生、生生关系，学习氛围，学习习惯，教学设施设备等），在此基础上写成教案。那么，上课是一种临床研究，是整个教学工作的中心环节，是教师教和学生学的最直接的体现。一堂好课的基本标准是学生注意力集中，思维活跃，积极参与，面向全体。上课有无效、低效、有效、高效之分，作为教师要努力上有效、高效的课。听课则是一种比较研究。古人云："观千剑而后识器，操千曲而后知音。""独学而无友，则孤陋而寡闻。"多听一些名师的课，一些同行的课，做到：看别人的课堂，想自己的课堂；走进别人的课堂，改进自己的课堂。评课是一种诊断研究。执教者因专业的评课而茅塞顿开，听课者因专业的评课而豁然开朗。华东师范大学叶澜教授认为，一堂好课没有绝对的标准，但有一些基本要求：有意义，有效率，生成性，常态性，待完善。评课的方法多种多样，可以依序逐环评，概括要点评，突出重点评，综合归纳评，围绕专题评，抓住问题评等。总之，教师只要根据自己的工作特点，坚持把备课、上课、听课、评课、反思作为自己经常性、挑战性、创造性、研究性的工作去做，就一定能提升自己的教学境界，形成自己的教学特色，促进自己的专业成长。

三、最后再说说写作

一谈到写作,有些教师可能会头痛、不屑、反感,我遇到的有些教师只是为评职称才写作,对这些教师来讲写教学论文是不愿为而为之,网上下载者有之,胡拼乱凑者有之,找各种门路发表以求职称过关也有之。每当谈起,则先大发牢骚,再顺便贬低一下喜欢写论文的同行,好像论文写多了,教书就不行了。其实,这是一种误解。教师经过持续的学习,教学的研究,不断的反思,这些成果需要用文字来体现。教师利用文字,将自己的日常感悟、教学心得、教案设计、研究成果写成教学反思、教育叙事、教学论文,是专业化成长的必要途径。

(一)写教学反思

叶澜教授说,一个教师写一辈子教案不一定能成为名师,如果一个教师写三年反思则可能成为名师。反思是一种高级的认识活动,是一种问题解决的特殊形式,它以思维的活动过程和结果为对象,是一种主动积极的、持续不断的思考过程,是勇于对自己的观念、行为展开评判的过程。它包括对教育实验的反思,对教育行为的反思,对教育现象的反思。教师在课前反思,目标会更加明确,实践的自觉性会更强;教师在课中反思,调控教学会更有效,教学效益会更高;教师在课后反思,旧的教学过程的终结会演变为新的教学生成。教学反思以探究和解决教学问题为基点,以追求教学合理性为动力,把"学会教学"与"学会学习"统一起来,那么,教学反思该写些什么呢?(1)写成功之处;(2)写不足之处;(3)写教学机智;(4)写学生创新;(5)写再教设计。在教学实践中,一个教师如能经常进行教学反思,及时用文字固定下来,那将是一种教学财富,一定能"集腋成裘""聚沙成塔"。

(二)写教育博客

21世纪是一个知识的时代,一个网络时代,一个信息化时代,知识更新换代周期越来越短,网络的迅猛发展,博客技术的推广和利用越来越受到社会的关注,教师通过博客交流,已经成为一种趋势和时尚。教育博客给了处于"草根阶层"的一线教师成长和发展的发言权。它有自主性的特性,教师在自己的博客中可以自主叙说自己的故事,表达自己的困惑,发表自己的观点,展示自己的成果。博客的写作方式比较自由,可以是随笔、论文、案例、故事、方案、摘记等,可以展示自己的个性,形成自己的思想。教育博客还可在更广的时间和空间背景下,与不同地域的教师群体进行交流,而交流的双方乃至多方在地位上绝对是平等的,必将实现教师相互之间的教育教学共享。教师将自己的教育博客见之于人,自己要精心准备,反复斟酌,这就是思考,就是研究,教师就是在这种思考与研究中不断提升自己的专业水平。

(三)写教育叙事

教育叙事是我国中小学教育研究在方法论上的一种进步,更接近真实的"教育田野",教育叙事是一种教育生活体验的"传记",是诗化的教育研究,是用生动的语言传达教育生活经验的文学形式,不是逻辑形式,教育叙事要突出情感的表达,是寓理于情,而不是寓情于理。好的教育叙事,是对教育生活中灵动场景甚至片段的捕捉,应该能够打动读者的情感甚至心灵。当一个教师能关注自己的教育教学行为,并用动情的语言加以记录,他实际上已经从微观的教育事实逐渐转向较为宏观的思考与研究。

(四)写教育教学论文

教育教学论文是教师通过学习教育教学理论,联系自己的教育教学实践,进行的关于教育教学研究的写作,它要有相当的逻辑性。可采取如下几种方式发现问题并提出问题,确定科研课题:一是不安于现状,对自己所从事的教育工作领域保持经常的关注。二是辩证的否定,勇于对教育教学等方面已有的常规、制度、行为、策略,甚至理论做出否定的或部分否定的判断。三是变换角度思考。四是类比和移植。如我发现:在安徽某私立中学,在学校附近的大街上有这样一个标语牌:"肯吃苦,苦一时;怕吃苦,苦一世";该校学生戏称:"睡得比狗晚,起得比鸡早。"又如邻县某中学给学生如此倡议:"闭着眼睛睡觉,睁开眼睛读书。"作为一个教师,你能不对此有些自己的感想?再如,当自己的教学行为无效或低效时,你不想研究一些策略,找出一些办法?在研究教材、不断学习的过程中,有一些自己的独特见解,你不想有所表达?保持敏锐的眼光,拥有清醒的头脑,寻找独特的视角,理论与实践结合,就能写出较高质量的论文。当你将论文写作真正当作自己的一种教学自觉时,恭喜你,你已经走进成熟教师的行列了。

各位同仁,我们面对的是一个有待完善的教育环境。我们面对的不仅仅是学生和自己的教材,各种信息、各种思想都会对我们造成影响,适应环境,但不能随波逐流;尊重现实,但不能盲从现实;脚踏实地,但不能没有梦想。我不直接地和大家交流怎样备课,怎样上课,怎样提高成绩之类的话题,也许是我对浮躁的急功近利的教育现象的一种态度。其实,读书就是一种很好的备课,研究就是为了更好地上课,写作则是一种教学的提升。读书、研究、写作,是教师专业成长三个支点,非读书无以博学,非研究无以提高,非写作无以固化我们的所学所思所用,让我们在专业化教师的征途上走得更快更稳。

用好平台，同筑梦想

当教师要有师德，没有师德的教师不会成为好教师。

当教师要有专业水平，没有专业水平的教师也不能成为好教师。

当教师要有发现者、研究者、探究者的专业自觉，否则，也难以持久地成为好教师。

一个县教研员说过这样一个故事：多年前，他去某校听了当地小有名气的教师的一节课，评课时，他大加赞赏；多年后，他带着浓厚的兴趣去听那位教师的课，感觉还是老样子，他评价道："观念陈旧，方法单一，课堂沉闷，效率低下。"其原因是，教师职业如逆水行舟，不进则退。

教师是一种关乎梦想的职业，教育是一种需要追寻梦想、不断创新的事业，因为今天的教育是为明天做准备。

我工作在一个生源质量不理想的县城中学，在理想与现实的夹缝中生存。深感学校办学不易：千道理，万道理，高考成绩才是硬道理。深感教师不易：早加班，晚加点，分数高了才正点。同时，也痛感教育的异位：我们的学生，除了分数，还剩下什么？我们的老师，除了加班加点，还有什么好的方法和策略？

陶行知先生说："好的先生不是教书，不是教学生，乃是教学生学。"

美国教育家布鲁巴克说："教师精湛的教育艺术，遵循的最高准则，就是让学生自己提出问题，自我探究问题的答案。"

捷克教育家夸美纽斯说："要寻求并找出一种有效的教学方法，使教师可以少教，但学生可以多学。"

真正的教育，缘于学生深刻的体验。教育实验统计表明，教师的单向传输的教学效率不足5%，实现从"教师的教为主"到"学生的学为主"的转变，势在必行！

但是，新课程改革步履维艰，我们在艰难前行。

我能做的工作是——用好平台，同筑梦想。

　　我是一线教师,语文教研组长,坚持在教学中采用导学为主的高效课堂教学改革探索,如导学案引领,学生自主学习,小组合作探究、展示、评价,教师点拨、答疑、总结等。

　　我是当涂县"陈宏宝中学语文教育工作室"主持人,利用工作室活动开展课题研究、教材研究、课堂教学研讨等活动,带领成员不断深化对课程、课程资源及开发利用等方面的教学理解。

　　我也是县新招录教师的培训教师,常利用培训与青年教师谈职业理想、教育思想、专业技能。

　　在学校,我担任教科室副主任,主抓集体备课、导学案编制、新课改推进、教师培训等工作,多次带领教师赴山东昌乐二中、巢湖二中等学校现场观摩,学习教改经验。

　　有人说,心有多大,舞台就有多大。我要说,人是受时代和环境影响、制约的,教师也不例外,在应试教育的大环境下,我只能说,梦是遥远的,路是艰辛的。但我会选择——宁可充实过一生,不愿茫然活一世。

构筑，拓宽，深化，超越

——谈学历进修与教师的专业成长

如果有人问："学历进修与教师的专业成长有什么关系？"我可以用八个字来回答：构筑，拓宽，深化，超越。

学历，从广义上说，任何一段学习经历，都可以成为学习者的"学历"；从狭义上说，"是指人们在学校及其他教育机构中接受教育的学习经历，曾在那些学校及教育机构毕业、结业、或肄业，这些学校或教育机构是经教育行政部门批准，能实施学历教育，有国家认可的文凭颁发权力的学校及其他教育机构颁发的学历证书为凭证。"在教师专业化已成为社会普遍共识的今天，教师的专业水平提高是教师社会地位提高的一个不可或缺的条件。教师的专业性，既包括学科的专业性，也包括教育的专业性；同时，教师的专业发展，是一个持续不断的过程，教师的专业化也是一个发展的概念，既是一种状态，又是不断发展的过程，作为一名优秀教师，除了要具有一定的职业道德素养和对教育事业的追求外，扎实的专业功底，丰富的文化涵养，深厚的文化积淀也是至关重要的。而学历进修，恰恰是一个目标性、系统性、专业性非常强的继续教育，是教师提高专业水平一个重要的途径。

以我本人为例，在教师的讲台上，我已度过了二十六个春秋。从小学教到初中，从初中教到高中，如今在高中也已教了十四年了。我的起点学历只是一个中师毕业，通过三年电大进修，我获得了汉语言文学的专科学历；又通过三年专升本函授，获得了本科学历，是全班六十一名同学中获得文学学士学位五个中的一个；1994年，由李先华教授推荐，我准备报考北师大邹晓丽教授的研究生，得到了邹教授热情的鼓励，因外语太差最终作罢。2000年我参加了安徽师大古代文学研究生进修班的学习。我常常跟别人说，如果我没有进行系统的进修，不要说教高中语文，恐怕就是做现在的高考题也困难。边教边学，工作时当教师，业余时当学生，寒来暑往，苦乐相携，我用自己的行动诠释了什么是教学相长。系统的进修，提高了我的学历层次，丰富了我的知识，增长了我的才干，拓宽了我的专业视野,让我在专业领域变得越来越自信,也使我能在三十六岁那年就被评上中学高级教师。记得原国家教委副主任柳斌曾说过这样的话:"一个人因学习而拥有,因学习而丰富,因学习而发展。"学习是教师成长的永恒话题。

在座的同行很多从学校一毕业就是大学本科学历,我的经历带有一点历史的痕迹,不足为训,但在终身教育的理念已经被社会各行各业普遍接受的今天,学历进修排除它的功利因素之外,确实是教师专业成长过程中其他培训形式不能代替的一种有效途径。我的体会是:

1.学历进修能系统地获得、补充我们从事本专业所需的知识,构筑并完善我们进行专业活动的知识框架。

2.学历进修能不断拓宽我们的专业视野,让我们能从一个更高的角度观照我们的专业活动。

3.学历进修能使我们专业知识、专业水平不断深化,有利于我们厚积薄发,举重若轻地驾驭自己的教学。

4.学历进修能充实我们的生活,提高我们的人生境界,让我们在教学专业领域变得更加自信,更加有力,产生自我超越的愿望和梦想。

德国教育家第斯多惠说:"一个人一贫如洗,对别人绝不可能慷慨解囊。凡是不能自我发展,自我培养,自我教育的人,同样也不能发展、培养和教育别人。"而"学历进修"就是一种重要的自我发展、自我培养、自我教育的有效途径。最后,请允许我以这样的誓言结束:教育,是我们无悔的选择;教师,是我们骄傲的称号;育人,是我们神圣的职责;进修,是我们职业生涯中永恒的话题。

从"教学"到"导学":浴火中的涅槃

二十年前,有人问,当涂最好的高中是哪所?有人答一中,有人答二中,也有人说各有千秋。

十年前,有人问,当涂最好的高中是哪所?标准答案是一中,答二中不是怀旧,就是无知。

今天,已没有人再将一中与二中相提并论了,问题改成:"二中与某某中学谁的教学质量更优秀?"答案只能用"众说纷纭""莫衷一是"来表述了。

在当今社会,人们评价一个学校的好坏就是看学生的成绩,教育部门考评学校很大程度上是看你学校的各科均分、高考升学率。如果从这两个指标来衡量,二中确实是有些尴尬与羞赧;作为二中教师,失落感与使命感在心中交织。作为一个有着九十多年办学历史的二中,有着一支市县骨干教师人数居全县首位的教师队伍,有着不逊于任何学校的教学设施,为什么在教学质量上比不上同类的兄弟学校?在新课程改革的背景下,国内就有许多学校在逆境中奋起,在困境中逢生的例子。其中山东昌乐二中的高效课堂确实有值得借鉴的经验,那就是从"教学"到"导学",让学生真正成为课堂教学的主人。以课堂教学质量的提高,带动学校整体办学质量的提高,做到以质量求生存,以质量求信誉,以质量求发展。

首先,我们必须先弄清何谓高效课堂。高效课堂,是高效型课堂或高效性课堂的简称,顾名思义是指教育教学效率或效果能够有相当高的目标达成率的课堂,具体而言,是指在有效课堂的基础上,完成教学任务和达成教学目标的效率较高、效果较好并且取得教育教学的较高影响力和社会效益的课堂。高效课堂是有效课堂的最高境界,高效课堂基于高效教学。高效课堂教学是相对于有效课堂教学、低效课堂教学和无效课堂教学而言。一是效率的最大化。也就是在单位时间内学生的受益量。主要表现在课堂容量,课内外学业负担等。二是效益的最优化。也就是学生受教育教学影响的积极程度。主要表现在兴趣培养、习惯养成、学习能力、思维能力与品质等诸多方面。轻负担、低消耗、全维度、高质量是其特点。

其次，如何实现高效课堂教学。学校采取了"走出去，请进来"的办法，先后派出两批近一百四十名教师远赴山东昌乐二中观摩学习，该校推行的"271模式"让参观教师耳目一新，"心灵上得到震撼"是许多教师的感觉。大家共同的体会是，过去我们考虑的最多的是教师该如何教，而山东昌乐二中的教学模式给我们的启示是该教学生如何去学。从"教学"到"导学"，一字之差，课堂教学的生态却有天壤之别；对教师和学生而论，却无异于一次"浴火中的涅槃"，因为，我们的师生都是在传统教育的模式上成长起来的，教师习惯于教，学生习惯于听。教师教得认真，教得有水平，是衡量一个教师是否优秀的标准；学生听得投入，答得标准是评价一个学生是否是好学生的依据。而改变一个人的习惯，是极其艰难的。为了改变教师的教学观念，学校又采取了请专家给教师培训的办法，先后有"金太阳"学案的专家和南京师范大学的专家来校就高效课堂教学的模式给教师做讲座。这些做法，使教师的教学理念得到了一定程度的更新，对新课改有了相当程度上的认识。然而，在推进高效课堂教学模式的过程中，仍是阻力重重，进展缓慢。原因是多方面的，但有一个重要的原因是不可忽视的，那就是高效课堂教学模式，是一种教学的理想境界，如果没有"凤凰涅槃"般的雄心、魄力和勇气，没有一种学习与研究的姿态，没有一种敬业的精神，没有科学求真的态度，没有一种高效课堂教学模式的管理与服务的机制，其结果不是半途而废，就是高效课堂不高效，甚至成为搞笑。

为此，特提出如下建议：

一、高效课堂有赖于高效的管理

先进的教育理念、教育理想，是形成教育改革良好的氛围和形成教育改革典型的首要因素。高效课堂是管理出来的，管理即培训，管理即服务，最好的培训即是最好的管理。在推行导学案上，必须一课一案，无导学案，不上课；在导学案的编制上，应有严格的要求。在难度、内容、形式上应作具体明确的规定。

二、高效课堂有赖于高效的导学

要引导教师从会编导学案，到习惯编导学案，最后形成知识问题化、问题层次化的导学案。将"学习目标、重点难点、知识链接、学法指导、问题逻辑、学习反思、作业布批、归纳小结"真正落实于"导学"之中,实现从"教学"到"导学"的转变。

三、高效课堂有赖于环境的滋养

任何改革都不是孤立存在的,丧失了环境也就失去了活力与生命。教学改革不是空穴来风,推进素质教育为国家教育政策所提倡,也是达成真正的教育即是培养人这一根本目的的正确途径,学校在认识上要有高度。同时,统一全校教师思想,消除疑虑与困惑,统一全校行动是必要的,如果单凭一两个学科是不行的,因为,其他学科课下繁重的作业将使预习成为泡影。

四、高效课堂有赖于兼容并蓄,扬我所长

他山之石,可以攻玉。不断学习成功学校的经验、学习成功的精髓,就能为我们所用,就能使我们站在别人的肩膀上,不断超越。

五、高效课堂应促使学生肯学、善学、能学

美国著名教育家布鲁巴尼说:"教师最精湛的教育艺术,遵循的最高准则,就是让学生自己提出问题,自我探究问题的答案。"中国的教育家陶行知说:"好的先生不是教书,不是教学生,乃是教学生学。"

我校高效课堂教学的改革,是一次教学思想的革命,一次教学行为的洗礼。如果没有理念的更新,没有思考的深度,没有行动的力度,继续观念保守,教学单一,难免会半途而废。全国各地"导学模式"教改成功的学校给我们提供了经验,我们必须学习,必须比照。没有比照,就没有动力;没有动力,就没有思想;没有思想,就没有改革;没有改革,就没有出路。

没有浴火的勇气和一往无前的拼搏精神,就不能在涅槃中获得新生。

伸张，你那根理想的弦

　　我常和同事谈起关于教育、教师、学校、自己，也常发点牢骚，常有同事说："你高级教师早已到手，荣誉好像也有些了，干吗还这样？"我知道潜台词是什么，比如班主任，比如教研活动，比如别人不屑或不愿做的种种吃力不讨好甚至让人讨厌的事儿。说这话的人大多关系不错。鞋好不好，脚最清楚，因为，我感觉自己有事做，生活充实，活得踏实。当了二十多年教师，这个意识已流淌在血液里了。与此同时，常看到我们有些同事好像很清闲，但感觉并不如意，甚至有些失落，感觉被"out"了。其实这些同事很能干，有些还有点儿才。和这些要好的同事，我从不讳言自己的观点：有事做是快乐的，做教师不仅要有体力、精力、智力上的付出，还须有情感上的付出，需要时常有点梦想。著名教育专家朱永新先生在他的《教育理想》中就这样写道："生命是一张弓，那弓弦就是理想，就是梦。"

　　教师工作辛苦而繁杂，教学工作量饱满，如果再担任个班主任，那就要在此后加上个"更"字。说"披星戴月""忧劳有加"毫不为过。如何让我们教育工作变得有声有色？离开了理想这根弓弦，是无法办到的——教育事业本身就是与"理想"有关的事业。著名作家雨果曾经说过："世上有一种东西比所有的军队都更强大，那就是恰逢其时的一种理想。"说这话，有些让人笑话，都什么年代了？还说这些没用的话！但我感觉，我们生活中的"理想"确实有些被实用化功利化，甚至缺失了。然而，教育是理想的事业。教师在教育学生到达理想的彼岸的过程中，不仅要把理想播撒在孩子们的心中，也要播撒在自己的心中，师生同是理想人，才能梦想成真！热爱教育的人也应是不断追寻教育理想的人。只有这样，我们的工作才有活力；只有这样，我们才能去寻找自我的生存空间、发展空间，真正地享受教育。教育理想是教育者在忧患中挖掘的希望，是批判中创造的新生，是直面现实中的新追求。教育是对平庸的挑战，教育是对成功的跨越，教育永远服务于今天，更为明天而准备。教育是培养人的事业。而人是物质与精神的统一体，人不同于其他动物的重要特点是人的精神性。人的精神性注定人不仅仅是为了当下而活着，支撑人活着的往往是理想。人的生命价值，也常常与理想有着密切的关系。宋代哲学家张载说过："志大，则才大，事业大；志久，则气久，德行久。"西方心理学的研究也表明，人的成就与理想有着直接的关系。人的理想层次越高，成就也就越大。同时，教育理想也是对教师个体的不断定位，不断规范；个体的教育理想，可以不断规范你的教育行为，可以丰富你的教育活动，可以提升你的教育品位。教育与理想乃是一对孪生兄弟。教师的最大幸福，就是把一群群孩子送往理想的彼岸。

"如此说来，你是一个理想主义者，或说是教育理想主义者了？"有人也许会这样发问。在当下的环境中，这极易遭人不屑与嗤笑。因为我们生活在一个应试教育占主导的社会环境，分分分，学生的命根，何尝又不是教师的命根？你的优劣，取决于你所教学生的分数；你的价值，来源于你所带班级高考达线的人数。尽管国家高层和教育精英们极力提倡素质教育，实际情形是：素质教育雷声大，应试教育雨点多，把应试教育与素质教育对立起来大有人在。考试是当代生活的普遍现象，平心而论，考试是取消不了的，毕竟它是目前最有效、最便捷，也相对公平的选拔模式，应试是人的素质之一；其次，素质教育中的"素质"也应当一分为二，它既是人本身所具有的素质的教育，也是社会所需要的素质的教育。素质教育不是不要为上一级学校输送合格的新生，而是应当比应试教育做得更好，输送的人才各方面更优秀。我们要做的其实应该是不仅仅为了分数，而是为了人的发展。如果有人不明白这样的道理，说你痴人说梦，毫不冤枉你。我自己，充其量不过是一个偶尔有点梦想的人，因为我深知，当生活没有梦时，生命的意义就完结了，教育也就没有了意义。人微言轻，我改变不了别人，更改变不了环境。"当你无法改变社会，无法改变别人的时候，你唯一可以改变的就是自己。而只要你真正地去改变自己，其实你就是在改变别人，就是在改变社会。"一个教育专家的这番话，让我醍醐灌顶。三尺讲台，也有作为，因为我还可影响着几十个生命！一个教师，如果能够真正地影响几个学生的生命，真正地走进他们的心灵，真正地成为学生生命中的"贵人"，生命就是非常有价值的了。心怀理想，播种理想，许多同行，没有说，不愿说，可他们用行动实践着这样的教育理想。

当教师要求学生要有理想，自己也要怀揣理想。"生活的理想，就是为了理想的生活。"政治家如此说；"黑夜给我黑色的眼睛，我用它寻找光明。"诗人如此说;"我贴在地面步行,不在云端跳舞。"哲人如此说;"教师的生命是从教师职业开始的,教师在自己的职业中和工作要求中寻求生活的满足。"德国的哲学家、教育家第斯多惠说得更明白,更贴切。也许,我们遭遇到不公,心中难免不平;遭遇到生活的种种不如意,难免低落;遭遇到工作中的挫折,难免苦闷。但我们既然选择了教师这个职业,实质上也就承担了一种使命,我们每天面对着的是鲜活的生命,伴随的是他们生命的成长。我们是知识传播者,也是学生成长的引路人。为了学生的健康成长,也为了自己生活得充实快乐,老师们,在你生命之弓上,伸张吧,你那根理想的弦。

后 记

一路走来,在语文教学的讲坛上,我已经走过了三十五个春秋。三十五年,很短很短,第一次执教语文课的情景至今还历历在目;三十五年,很长很长,如果让我说说究竟上过多少节语文课,有多少节算是成功的,有多少节算是失败的,真的说不上来。成功也罢,失败也罢,都散尽于往日的云烟。

一路走来,评上高级教师也已届十八个年头,来不及欢喜,也无暇思量,脚步匆匆,就在一堂又一堂语文课中,将年轻抛置于身后。我常遐想,教育犹如大海,广博而深邃。我是行走于海边的拾贝者,总想透过这五颜六色的贝壳去探寻大海的真谛。

《教海拾贝》就是我源于这个遐想的创作。它主要收集的是我担任高级教师之后从事教育教学工作尤其是教研活动的一些心得体会,不揣浅陋,整理成册,借以告慰平生。有许多教学的散记、短小的报告甚至一些有感而发的小诗,也表现了自己对于教师、教育、教学的认识与见解,因感性有余而理性不足,遂忍痛割爱,待将来完善后,编写成册。

这本书是本人的心血结晶,教学生涯的记录,但其中也包含着领导、专家、同仁的厚爱与支持,承蒙安徽师范大学何更生教授为本书作序,在此一并致谢。由于水平有限,书中不足之处在所难免,敬请广大读者批评、指正。

陈宏宝

二〇一八年二月